별똥별

별똥별

깊은별 지음

담다

차례

174번

1

"기호 1번으로 채워 줘요. 11월 14일에 투표해 줘요."
"랄랄라 차차차 박진우, 기호 1번 뽑아 줍시다!"

이 무렵 나는 매일 아침 G대학교 통학버스 정류장에서 선거운동을 했다. 오늘도 홍보 대열의 맨 끝자리에서 목에 핏대를 세우며 부르짖었다.

"청년들의 꿈과 열정을 응원하는!"
"제54대 청춘학생회 박, 진, 우!"

땀을 닦을 겨를도 없었다. 은행나무 사이를 뛰어다니며 지나가는 학생들에게 홍보물을 들이밀기 바빴다. 팔짱 낀 커플, 맞담배 피우는 두 남자, 걸어가며 화장하는 여자. 대체로 홍보물을 잘 받아 줬지만 인상을 쓰며 면전에서 버리는 사람도 많았다. 그래도 나는 미소를 유지한 채 다시 다른 학생들을 향해 뛰어갈 수밖에 없었다.

늘 그렇듯, 가식적인 미소로.

2

"오늘도 청춘!"

진우 형이 소주병을 들고 선창했다.

"내일도 청춘!"

우리도 후창한 뒤 소주를 단숨에 들이켰다. 내 테이블은 10분 만에 술 여섯 병을 거덜 냈다.

"원철아, 아침에 홍보 전단⋯."

"네?"

내가 소음 때문에 알아듣지 못하자, 승주 형이 귀를 잡아당기며 소리 질렀다.

"잘했다고!"

나는 생글생글 웃으며 술잔을 비웠다. 입만 웃으면 가식으로 보일까 봐 눈까지 초승달처럼 뜨는 묘기도 부렸다.

"진우 형이 너 칭찬 많이 하더라?"

"진짜요?"

"그래 인마. 인사도 잘하고 싹싹하대."

승주 형이 내 머리를 쓰다듬자 맞은편에 앉은 민희 누나도 뭐라 말하며 엄지를 치켜들었다. 나는 빨리 두 손을 배꼽에 모으고 허리를 90도로 접었다. 한결같이 해맑은 얼굴과 예의 바른 몸가짐. 오랜 세월에 거쳐 완성된 아주 숙련된 아부였다.

"너희들은 얘 어때?"

승주 형이 담뱃불을 붙이며 옆 테이블에 앉은 여자애들에게 말했다. 여자애들은 서로를 쳐다보며 웃었고, 나는 침을 삼키며 다리를 왼쪽으로 오른쪽으로 번갈아 꼬았다.

"원철아, 우리 앞으로 친해지자."

짙은 아이라이너로 눈매를 강조한 여자애가 맥주잔을 내밀었고, 나도 서둘러 술잔을 부딪힌 뒤 원샷했다. 그때 거대한 스피커에서 전자 비트가 요란하게 흘러나오며 고막을 후려쳤다. 여덟 개 테이블에서 일제히 괴성을 질렀고, 다들 미친개마냥 춤판을 벌였다. 민희 누나는 두 팔을 흔들며 테이블 위를 접수했고, 승주 형은 온 관절을 꺾으며 담배 연기를 뿜어 댔다. 나도 주변을 곁눈질하며 어깨를 들썩였다.

3

"오늘도 청춘!"
"내일도 청춘!"

청춘은 무슨. 아침부터 구토 다섯 번에 설사 세 번을 했다. 창자가 부글거렸고 항문이 따가웠다. 저녁 선거운동만 끝내고 바로 기숙사로 들어가겠다고 마음먹었다. 그런데 이날따라 인문대학 쪽에 유독 사람들이 붐볐다. 엄청난 함성에 우리는 그쪽으로 방향을 틀었다.

"오늘 여기서 행사하나 봐요?"

진우 형이 대강당 입구에 서 있던 스태프 둘에게 물었다.

"네, 청춘콘서트요."

남자는 귀찮다는 듯 대답했다.

입간판에는 '주제: 인정욕구에서 자유로워지는 법', '강연자: 심성'이라고 적혀 있었다. Y대학교 명예교수였다. 독특한 이름이지만 들어 본 기억은 없었다.

"이제 30분 정도 남았어요."

여자 스태프가 말했다.

"혹시 지금 들어가도 되나요?"

진우 형이 물었다.

"그럼요. 유명한 분 강연이니까 잠깐이라도 들어 보세요. 곧 여든이신데도 엄청 정정하시더라고요."

진우 형이 고개를 돌려 홍보부장 누나에게 물었다.

"여기 사람도 많은데 행사 끝나고 홍보하면 좋겠지?"

누나는 고개를 끄덕였다.

"지금 행운권을 추첨하고 있으니 받아 가세요."

여자 스태프가 말했다.

우리는 줄줄이 행운권을 받고 강당으로 들어섰다.

"여러분이 먼저 스스로를 인정하고 사랑하는 사람이 되면 좋겠습니다. 어차피 인생은 누구의 것도 아닌 오직 자기 자신의 것이니까요."

조곤조곤 울림을 주는 목소리. 강연자의 톤은 마치 어릴 적 잠자리를 잡아 주던 외할아버지의 목소리 같았다. 짧은 백발을 쓸어 넘기며 검은색 정장 매무새를 가다듬는 그의 모습에 뭔가 친근한 느낌이 감돌았다.

대강당을 가득 메운 청중은 하나 같이 눈을 반짝이며 뭔가를 받아 적었다. 뭐가 그리 대단한 강연인가 싶어 나도 귀 기울였지만 크게 와닿지는 않았다. 그러나 노교수를 향한 청중의 환호와 박수갈채만은 계속 내 주의를 끌었다. 분명 그는 군중의 열렬한 지지를 받고 있었다. 노교수와 대화한 학생들은 마치 인생의 구원자를 만난 듯 그를 부둥켜안았고, 그 모습을 본 청중은 서로를 더 뜨겁게 얼싸안았다. 그럼에도 노교수는 들뜬 기색 하나 없이 강연을 이어 갔다. 차분한 목소리와 곧은 자세. 나는 그 흔들림 없는 태도가 신기해 계속 그의 반응을 살폈다.

"여러분 기쁜 소식입니다."

사회자가 목청을 높였다.

"심성 교수님이 마지막으로 딱 한 사람과 더 대화를 나누겠다고 하십니다."

객석에서 함성이 터져 나왔다.

"그럼, 마지막 행운의 주인공은 과연 누구일까요? 마지막 행운권 추첨을 시작하겠습니다."

주변을 둘러봤다. 모두 자기가 당첨되기를 바라는 것 같았다. 이게 그렇게도 굉장한 기회인가? 사회자가 노란 공을 휘저으며 애를 태우니, 나도 덩달아 기대됐다.

4

"마지막 행운의 주인공은 '174번'입니다."

맙소사. 나는 펼친 행운권을 황급히 접었다. 하지만 뒤에 있던 스태프가 나를 가리켰고, 이내 눈부신 스포트라이트가 내게 쏟아졌다.

'안 돼.'

머리가 지끈거리고 숨이 찼다.

'혹시 학과 사람들이 있으면 어떡하지?'

깜짝 놀라 얼굴을 가리는 내게 홍보부장 누나가 갑자기 왜 그러냐고 물었다. 한 달 전 그 일만 아니었어도 곧장 무대 위로 뛰어올랐을 텐데. 예전처럼 사람들 앞에 자신 있게 나서지 못하는 내 꼴이 한심하고도 부끄러웠다.

"빨리 마이크 받아라."

곧 청중의 호통이 들렸다. 40초가 흐르자 '우–' 하고 야유가 터져 나왔다. 당황한 사회자가 다시 추첨하겠다고 더듬거렸다. 바로 그때 이 모든 과정을 지켜보던 노교수가 내게 한 가지를 제안했다.

"막상 사람들 앞에 서려니 두렵나 보군요. 괜찮습니다. 제 연락처를 알려드리죠. 나중에라도 얘기할 마음이 생기면 조용한 장소에서 편안히 대화합시다. 단, 전화번호를 받으려면 간단한 문제를 하나 맞혀야 해요. 어떤가요?"

노교수는 마이크를 내려놓고 커다란 삼각형 도식을 무대 스크린에 띄웠다.

삼각형은 다섯 단계의 층위로 나뉘어져 있었고, 층위마다 욕구들이 적혀 있었다. '매슬로의 5단계 욕구 이론'이었다. 교수가 말했다.

"미국 심리학자 매슬로는 욕구가 결핍된 사람은 그 욕구를 충족하고자 끊임없이 움직인다고 했습니다. 그리고 인간이 건강하게 살기 위해서는 먼저 네 가지 기본 욕구를 채워야 한다고 했죠."

그는 1단계 욕구부터 하나씩 말했다. '생리 욕구', '안전 욕구', '소속 욕구', '○○ 욕구', '자아실현 욕구'. 하지만 4단계에 해당하는 것은 알려 주지 않았다.

"그러면 문제를 내겠습니다. 자아실현의 욕구에 다다르는 것을 가로막는 이 네 번째 욕구는 무엇일까요? 1분 드리겠습니다."

가만히 서 있는 동안 여기저기서 비웃는 소리가 들렸다.

"와, 이거 너무 쉬운데? 1학년 교양 심리학에 나오는 거잖아?"

홍보단 쪽에서도 소곤대는 소리가 들렸다.

"그래, 대학 다니는데 모르면 안 되지."

그렇다, 쉬운 퀴즈였다. 하지만 나는 맞힐 생각이 없었다. 어서 스포트라이트에서 벗어나기만 기다릴 뿐이었다.

"더는 시간이 없습니다. 이제 말해 주셔야 해요. 십, 구, 팔⋯."

사회자의 재촉에 청중석에서도 카운트다운을 시작했다. 그러나 나는 더 침묵을 유지했다.

"오, 사, 삼⋯."

그때 홍보단 쪽에서 국어교육과 녀석의 모기 같은 목소리가 귓가에 꽂혔다.

"사범대 다니면서 설마 이것도 모르나?"

순간 주먹에 힘이 들어갔다. 나도 모르게 마이크를 꽉 쥐고 그냥 내질러 버렸다.

"인정 욕구요."

장내에 내 대답이 울려 퍼졌고, 노교수는 씨익 미소 지으며 말했다.

"정답입니다."

청중은 다시 열광했고, 홍보단 사람들은 내 등을 신나게 두드렸다. 국어교육과 자식은 코를 만지작거렸다. 순간 뿌듯했지만, 급 우울감이 밀려왔다. 어느새 다가온 노교수가 내게 천천히 쪽지를 건넸다. 쪽지에는 연락처와 함께 이런 문장이 적혀 있었다.

'당신을 기다리고 있었습니다.'

당신을 기다리고 있었습니다

5

"축하합니다. 축하합니다. 당신의 당선을 축하합니다."

선거 본부에서는 축하 노래와 꽃목걸이가 오갔고, 우리
는 어깨동무를 한 채 파도처럼 넘실거렸다. 홍보부장 누
나가 케이크를 들고 들어왔다. 눈시울이 붉어진 진우 형
은 사람들에게 둘러싸인 채 케이크에 꽂힌 촛불을 '후' 불
었다. 그런 다음 한 명씩 돌아가며 악수를 나눴다. 형이 내
손을 꽉 잡으며 말했다.

"원철아, 네가 열심히 홍보해 준 덕분에 형이 당선된 것
같다. 정말 고마워."

나는 형과 함께 큰 소리로 웃었다. 모두의 시선이 잠깐
쏠린 까닭일까? 내 심장 어귀에도 승리의 기쁨이 전해지
는 것 같았다. 진우 형이 책상 위로 올라가 우렁차게 말
했다.

"이번 선거에서 우리 목소리가 대학 전체에 울려 퍼졌어.
그리고 지금, 너희 모두에게 이 승리가 돌아간 거야. 앞으
로도 잘 부탁해."

늘 무표정이던 홍보부장 누나가 갑자기 울음을 터트렸다.

"오늘 홍보단은 해산되지만 너희와 함께 동고동락한 추억은 영원히 잊지 못할 거야. 다들 고생 많았어."

진우 형이 더 크게 소리쳤다.

"너희들 선거 끝났다고 연락 끊으면 안 돼. 앞으로도 우린 함께야."

그 후에도 홍보단 사람들과 자주 만나 노닥거리고 술을 마셨다. 피곤한 날에도 그들이 부르면 항상 달려갔고, 언제 연락이 올까 종일 휴대폰만 쳐다봤다. 하지만 일주일이 지나자 다들 바쁘다는 핑계를 댔다. 가끔 캠퍼스에서 마주쳐도 언제 밥 한번 먹자고 말만 할 뿐 연락을 주진 않았다. 먼저 메시지를 보낼까 했지만 거절당하기 싫었다.

'내가 뭘 실수했나?'

주고받은 메시지를 훑었다. 이상한 점은 없었다. 그토록 시간과 에너지를 쏟았건만. 나는 다시 낙동강 오리알 신세가 되었다.

6

또 하루가 밝았다. 텁텁한 공기, 갑갑한 기분, 툭툭 쏟아져 나오는 한숨. 일어났다 침대로 돌아오길 몇 번이고 반복하다가 겨우 기숙사 문밖을 나섰다. 여전히 따스한 햇살이 내리쬐었고 새가 지저귀고 있었으며 대학생들의 활기찬 웃음소리가 들렸다. 하지만 내가 달려갈 곳은 없었다. 통학버스 정류장도, 총학생회 회의실도, 뒤풀이로 가던 술집도. 그저 나는 구석에 처박힌 신문지처럼 외진 그늘을 서성일 뿐이었다.

"태한아, 용아!"

서문 외곽을 돌고 있을 때 같은 과 동기인 혜진이의 목소리가 들렸다. 나는 나무 뒤에 숨어 분식집으로 나란히 걸어가는 그들의 뒷모습을 훔쳐봤다.

'이제 누구를 만나야 할까?'

'혼자 무엇을 해야 하지?'

움츠린 발밑에서 음산한 기운이 스멀스멀 올라왔다. 나라는 사람은 마치 이 세상에 속해선 안 되는 존재 같다는 서글픈 생각마저 들었다.

그날 저녁, 침대에 누우니 또 환청이 들렸다.

"감히 이런 장난을 쳐? 완전 미친놈 아냐."

"똑바로 말해. 너 때문에 우리까지 욕먹고 있잖아."

"힘든 일 다 끝나니까, 이제 우리가 필요 없니? 실망이다."

마치 두 달 전 '그날', 주차장 구석으로 나를 밀어 넣는 두 선배 앞에 다시 선 것 같은 섬뜩한 기분이 들었다. 서둘러 기말고사나 준비하려고 책을 펼쳤지만 머리에 전혀 들어오지 않았다. 나는 책꽂이 틈에 구겨져 있던 쪽지를 펼쳐 그 문장을 다시 한번 읽었다.

'당신을 기다리고 있었습니다.'

7

이유는 모르겠지만 정신을 차리고 보니 나도 모르게 교수에게 전화를 걸고 있었다. 다음 날 연락이 왔고, 며칠 뒤 대학가 외곽의 양식당에서 함께 점심 식사를 하기로 했다.

"여쭤볼 것이 있습니다."

나는 그에게 받은 쪽지를 보여 줬다.

"그래, 뭐든 물어보게."

교수의 웃음은 아이처럼 천진난만했다.

"저를 기다리고 있었다는 말이 무슨 뜻인가요?"

"말 그대로야. 자네를 기다리고 있었다는 뜻이네."

"네? 저랑은 그때 처음 만나셨잖아요. 만날 줄 알았다는 말씀인가요?"

"그럴지도 모르지."

교수의 어이없는 대답에 나는 순간 언성을 높였다.

"네? 그게 무슨 말이에요?"

"마음껏 주문하게나."

그가 말하는 방식에 슬슬 짜증이 났다.

"해물크림파스타랑 포테이토피자 먹을게요. 콜라도요."

물 두 컵을 벌컥벌컥 마시는 사이 교수가 음식을 주문했다. 나를 지그시 쳐다보는 그에게 화를 가라앉히고 다시 물었다.

"그나저나 지난번 강당에서 보니 사람들에게 인기도 많고 대접받으시던데, 그렇게 많은 사람에게 인정받는 비결이 뭔가요?"

그가 처음으로 작게 소리 내어 웃었다.

"허허, 왜? 자네도 그렇게 주목받고 싶나?"

"당연하죠. 누구나 사람들 한가운데에 서길 원하잖아요.

무리에서 존재감 없이 있고 싶은 사람이 어디 있겠어요?"

"그렇지. 인정받고 싶은 욕구는 누구에게나 있는 자연스러운 마음이지. 하지만 뭐든 지나치면 독이 되는 법이네. 가령 인정중독에 빠진다던가…."

나는 '인정중독'이라는 말을 아주 잠깐 곱씹었다.

"그래서 그때 같이 있던 사람들은 자네를 인정해 줬나?"

갑작스러운 질문에 기침이 났다.

"네? 인정이요? 아니요, 네…."

교수는 물을 마시며 고개를 갸우뚱거렸다.

"다들 떠났습니다. 같이 선거운동을 할 때만 해도 영원히 함께하자고 했는데. 지금은 연락도 안 됩니다. 전공도 달라서 인정은커녕 마주치지도 못해요."

"그럼 자네 학과 사람들은?"

"학과 사람들은…."

나는 고개를 떨군 채 콜라에 꽂힌 빨대만 잘근잘근 씹었다.

"모두 저를 싫어해요."

"무슨 일이 있었나?"

침묵이 우리 사이를 맴돌았다. 교수가 나지막이 말했다.

"힘들면 애써 말하지 않아도 된다네."

그가 닭가슴살과 채소를 두세 번 집어먹고 난 후에야 나는 그의 배꼽을 보며 웅얼거렸다.

"석 달 전…."

그가 양송이수프를 뜨다 말고 고개를 들었다.

"석 달 전 대학교 축제에서 학과 사람들과 사이가 크게 멀어졌습니다."

"대학 축제?"

"네…. 축제 기간에 학과 주막을 준비하고 총괄하는 일을 했어요. 제가 신입생 대표였거든요."

노교수는 숟가락을 내려놓고 나를 지그시 바라봤다.

"시장에서 40만 원어치 장을 보고, 트럭에서 책걸상 수십 개를 내리고, 주막 홍보물을 만들어 대학 곳곳에 붙이고, 동기 자취방에서 주막까지 냉장고를 날랐어요. 음식을 나르고, 식탁도 정리하고, 매출 내역도 훑고, 거기다 동기들 기분까지 살펴야 했어요. 제 손이 닿지 않는 곳이 없었죠."

"1학년이면 놀면서 축제를 즐겨도 모자랐을 텐데 힘들었겠구먼."

"축제가 열리는 사흘 동안 여섯 시간밖에 못 잤어요. 그렇게 순이익도 100만 원이나 남겼는데…."

"열심히 한 것 같은데 뭐가 문제였나?"

나는 손톱 주위에 일어난 거스러미를 뜯었다.

"고민도 나누면 반이 된다네."

그가 부드럽게 미소 지었다.

"제가… 사기를… 쳤습니다."

"사기?"

그가 눈을 크게 떴다.

"네, 졸업한 선배들을 속여서 10만 원이나 더 받으려고 했어요."

"그런 젊은이로는 보이지 않는데…. 무슨 이유가 있었나?"

불현듯 그때 일이 떠올라 나도 모르게 주먹으로 식탁을 내리쳤다.

"당연하죠. 교수님 같으면 아니꼽지 않겠어요? 난생처음 보는 선배가 갑자기 신입생 행사에 들이닥쳐 옆에서 계속 술이나 따르라고 거들먹거리는데. 안주도 몇 접시나 공짜로 내놓으라고 했어요. 파렴치한 놈들…. 그런 놈들에게 돈 몇 푼 더 뜯어낸 게 잘못인가요? 볼펜으로 계산서를 조작한 게 제 탓이냐고요?"

"서운한 감정이 많았군."

"제가 굽신거릴수록 더 하대했어요. 체면이 말이 아니었습니다. 홧김에 술과 비싼 안주 몇 개를 계산서에 몰래 추가해 버렸어요. '난 이런 짓도 할 수 있다', '너희는 이런 벌을 받아도 싸다' 그러면서 계산서를 조작했어요. 금액이 눈덩이처럼 불어났지만 그만둘 수 없었어요. 이런 식으로라도 제 힘을 보여 줘야 했으니까요."

"그게 들통이 난 거군."
"네…. 욕설, 고함, 삿대질, 인신공격, 협박의 연속이었습니다. 졸업한 선배들을 시작으로 다음 날엔 3학년 남자 선배, 그다음 날엔 2학년 남자 선배에게 만신창이로 깨졌어요. 어둑한 주차장 구석에서 배까지 걷어차이면서요. 그리고 축제가 끝나자마자 저희 학번은 단체로 욕을 먹었어요. 그래도 이 정도에서 끝났다면 다행이었을 텐데…."

그는 내가 또 어떤 일을 겪었는지 물었고, 나는 이후의 사건들을 자세히 설명했다. 주막 장부를 실수로 잃어버린 일부터 동기들 몰래 가짜 장부를 만든 일, 그 사실이 들통나 몇몇 동기와 말다툼한 일, 싸움이 커져서 동기 간 갈등을 부추긴 일, 나를 가까이서 도와준 동기에게 상처를 준 일, 결국 선배들에게 완전히 쓰레기로 낙인찍히고 동기들에게 외면당한 일까지. 그동안 가슴 속에 눌러 온 여러 일을 꺼내 놓으니 울화가 한순간에 터져 나왔다.

"동기들에게 '멋지다', '최고다'라는 찬사를 듣고 선배들에게도 능력 있는 후배로 인정받고 싶었는데…."

나는 끝내 후드 모자를 뒤집어쓰고 한참을 울었다.

8

얼마나 시간이 흘렀는지 모르겠다. 고맙게도 노교수는 내가 후드를 벗을 때까지 기다려 줬다.

"그런 일들이 있었구먼. 이제 이해가 되네."

교수는 손수건과 함께 따스한 눈길을 보냈다. 다친 마음이 조금은 위로받는 듯했다.

"그래도 계산서 조작이나 가짜 장부 작성은 하지 말았어야 했네. 선배와 동기들에게 사과는 했나?"

"사과요?"

그 말을 듣는 순간 눈물이 쏙 들어갔다. 그러면서 괜한 얘기를 꺼냈다는 생각이 마구 솟아올랐다.

'그럼 그렇지, 이 노인네도 똑같아. 그들처럼 결국 내 잘 못이라며 계속 훈계질이나 할 거야.'

속마음 털어놓은 것을 후회하려던 찰나 그가 다음 말로 내 마음을 다시 열었다.

"그러나 뼈아픈 충고가 다 무슨 소용이겠나? 매일이 아비규환이자 청천벽력이었을 텐데. 많은 사람에게 비난과 멸시를 당해서 참 아팠겠어."

"처음엔 침대에 웅크려 벌벌 떨었는데, 나중엔 이대로 죽으면 좋겠다는 생각까지 했어요. 그나마 홍보단에서 겨우 희망을 찾았는데. 다시 눈앞이 깜깜해졌어요. 앞으로 저는 어떡해야 할까요?"

나는 깊은 한숨을 내쉬었다.

"별을 봐야지."

교수가 천장을 보며 미소를 지었다.

"별이요? 이렇게 훤한 대낮에요?"

어안이 벙벙했다. 갑자기 왜 별 이야기를 하는지 알 수가 없었다.

"허허, 별이 보이지 않나? 그럼, 별을 찾는 게 먼저겠군."

교수는 또 이해할 수 없는 미소를 지었다. 그에게 묻고 싶은 말이 더 있었지만 대화는 이쯤에서 마무리되었다. 그에겐 다음 일정이 있었고 나도 빨리 수업에 가야 했다.

그는 헤어지기 전 가방에서 황갈색 서류 봉투를 꺼내 건
넸다. 봉투 안에는 두툼한 보라색 노트와 금빛 장식이 새
겨진 검정 펜이 들어 있었다. 교수는 노트에 이메일 주소
를 적어 뒀다고 했다. 자신은 사정상 전화를 잘 받지 못하
며, 이메일로 교류하는 방식을 더 선호한다는 말도 덧붙
였다. 아무렴, 기분은 좋았다.

"별을 발견해 보게. 그 순간 모든 게 달라질 테니까."

교수는 알 수 없는 말을 남긴 채 택시를 타고 떠났다. 노
트를 꺼냈다. 표지에는 한 청년이 밤하늘의 별을 올려보
는 그림이 있었다. 첫 장을 펼쳤다.

'_____의 별은 _____ 다.'

'뭐지? 채워 보라는 건가?'
궁금한 마음으로 다음 장을 넘겼다. 반듯하게 접힌 편
지지가 보였다.

그날 이후로 처음인가? 연락 줘서 고맙네.

아침부터 자네를 떠올렸어. 그날 밤 수화기 너머로 떨리던 목소리가 계속 맴돌아서 말이야. 나를 만나 무엇을 토로하고 싶을까? 이런 생각으로 하루를 보내니 어느덧 날이 저물고 지금 창밖은 새까만 어둠뿐이라네. 아침에 일어날 때만 해도 세상은 영원토록 밝을 것만 같았는데, 이젠 눈앞이 캄캄해서 아무것도 보이지가 않아. 우리 인생에도 이런 날들이 있지.

살면서 눈앞이 깜깜해질 때 자네는 어떻게 하는가? 흔히 사람은 두 부류로 나뉜다네. 땅을 향해 더 고개를 숙이는 사람이 있는가 하면, 고개를 들어 하늘을 보는 사람이 있지. 밤하늘을 보는 사람은 밝을 때는 볼 수 없었던 것을 보게 돼. 별이 그중 하나야. 별은 태양처럼 세상을 훤히 밝히진 않지만, 대신 어둠 속에서 떠는 사람에게 한 줄기 빛을 비춰 주는 고마운 존재지. 그 빛으로 인해 어둠 속에서도 위안과 희망을 얻고, 때때로 새로운 무언가를 발견하기도 하니까 말이야.

만약 자네 인생에 어둠이 가득하다면, 그땐 별을 찾아보게. 별을 찾기 위해선 일단 걸어 보는 게 중요하다네.

2012년 11월 25일
어둠이 새로운 빛으로 이어지길 소망하며
심성

추신: 노트와 펜은 선물이라네. 뭔가 깨달은 바가 있다면 여기에 짧게라도 써 보게. 분명 큰 힘이 될 날이 올 거야. 그리고 혹시 궁금한 점이 생기면 deepstar@gmail.com으로 보내게나. 다만 내 질문에 대한 답변도 함께 보내 주면 좋겠어.

<질문 1>
자네의 별은 어디에 있을까?

9

'별을 발견하라고?'

수업을 마치고 나오면서 심성 교수의 제안을 다시 떠올렸다.

'별걸 다 찾으라고 하네.'

순간 웃음이 터져 나왔다. 그러나 마음 한편으로는 찝찝했다. 정말 뭔가 찾긴 찾아야 할 것 같았다.

'근데 뭘 찾아야 하지? 역시 새로운 사람들을 만나야 하나? 어디서 만나야 할까?'

가장 먼저 머릿속에 떠오른 것은 전과와 편입이었다. 하지만 바꾸고 싶은 전공도 없고, G대학을 떠나고 싶지도 않았다. 휴학도 내키지 않았다. 막상 할 것도 없었으니까. 돈이 없으니 여행을 떠날 수도 없지만, 그렇다고 아르바이트까지 하고 싶진 않았다. 생각에 생각을 거듭하며 기숙사 식당으로 향하던 중 민희 누나와 승주 형을 만났다.

"어? 원철아. 잘 지냈어?"

"요즘 뭐 하고 사냐?"

그들은 오랜만에 봐서 반갑다며 온갖 호들갑을 떨었다.

"근데 넌 언제 군대 가냐?"

승주 형이 놀리듯 물었다.

"그래, 너랑 같이 홍보했던 신입생 남자애들은 대부분 겨울 방학하고 입대한다더라? 너도 그래?"

민희 누나가 물었다.

"저는 아직 고민 중이에요."

나는 딴 곳을 보며 대답했다.

두 사람은 군대 외에도 계속 다른 질문을 했다. 그러나 이상하게도 그 관심이 마냥 좋진 않았다. 이유는 알 수 없었다. 다만 더는 그들과 만나고 싶지 않다는 것 하나는 확실했다. 나는 대충 핑계를 댄 뒤 서둘러 기숙사로 향했다. ROTC 운동장을 지날 즈음 불현듯 3월에 동아리 참관을 제안했던 선배의 말이 귓가에 맴돌았다.

'군대에 다녀오니 사람들 대우가 확 바뀌더라? 선배들도 이제 애 취급 안 하고, 동기들도 전보다 듬직해졌다고 말하더라고.'

군대는 3학년 마치고 갈 계획이었는데. 갑자기 머리가 아팠다.

'나도 군대 다녀오면 인정해 줄까?'

'아니, 그 전에 군대에선 나를 인정해 줄까?'

기숙사에 도착할 즈음 휴대폰에서 알림음이 울렸다. 학과 단체 채팅방이었다. 다음 달 입대하는 남자 동기들을 향한 메시지가 쏟아졌다.

'윤성아, 군대 건강하게 다녀와. 편지 쓸게.'

'혁진아, 군대 가기 전에 연락 줘. 선배가 밥 사 줄게.'

격려가 오가는 채팅방을 보니 나도 어서 군대에 가야 할 것 같은 불편한 마음이 자꾸 들었다.

'입대한다고 사람들 대우가 정말 확 달라지겠어?'

'그래도 다녀오면 선배들도 졸업하고, 동기들과의 관계도 달라질지 몰라.'

'아니지, 무슨 군대야. 힘들 게 뻔한데.'

몇 시간 동안 방 안에 처박혀 입영 연기 서류를 출력하고 찢기를 반복했다. 해 질 무렵까지 기숙사에서 한참 동안 연못을 내려다봤다. 오붓하게 배드민턴을 치는 커플, 깔깔대며 맥주를 마시는 사람들이 보였다. 하늘에는 철새들이 무리 지어 붉은 노을을 향해 날아가고 있었다. 그중에는 따라가기 버거워하는 녀석도 보였다.

"하나! 둘!"

멀리서 학군단이 뛰어왔다. 빠른 속도로 지치지 않고 달리는 사나이들이 가까워질 즈음, 나는 기숙사를 나와 운동화 끈을 동여매고 그들을 따라 무작정 달렸다. 땀이 촛농처럼 온몸에 흘러내렸다. 방으로 돌아와 노트북 뒤에 처박힌 입영통지서를 가만히 바라봤다.

'일단 걸어 보는 게 중요하다네.'
'일단 걸어 보는 게….'
노교수가 편지 끝에 했던 말이 머릿속에서 탁구공처럼 왔다 갔다 했다. 이유는 모르겠지만 그가 발견해 보라던 별은 왠지 군대에 있을 것 같았다. 이듬해 1월, 나는 102 보충대 건물 안으로 뛰어들었다.

"에라, 모르겠다!"

반짝이는 사람

강원도의 1월은 혹독했다. 하얀 산과 검은 막사, 칼 같은 일정과 각 잡힌 공간, 어색한 말투와 소리치는 조교들 때문에 체중이 6kg이나 빠졌다. 자대에 배치받은 뒤에도 사정은 나아지지 않았다. 영하 21도의 날씨에 발이 퉁퉁 붓고 손톱 끝이 새까매졌다. 하지만 견딜 수 있었다. 군대에서 꼭 나만의 별을 찾겠다고 결심했으니까. 강원도 H군의 포병대대에 배치받은 지도 두 달이 지났다.

"다 외웠어? 말해 봐."

덩치 큰 맞선임이 팔짱을 낀 채 나를 벌레 보듯 쳐다봤다.

"5번 포수의 역할은 하나, 기동 시 자주포의 위치를 지정하고 포구의 방향을 정확하게 표시합니다. 둘, 다른 포와 효과적인 소통을 위해…."

"됐고. 랩탄의 최대 사정거리는?"

"40km입니다."

맞선임이 포탄을 장전할 때 여닫는 장치를 턱으로 가리키며 말했다.

"폐쇄기 열 번 따 봐."

나는 폐쇄기 손잡이를 있는 힘껏 잡아당겼다. 두 번을 겨우 열고 닫았지만, 세 번째부턴 꿈쩍도 하지 않았다. 맞선임이 나를 밀치고 문신으로 도배된 두꺼운 팔로 단번에 폐쇄기를 열었다.

"이게 어렵냐?"

그가 이마에 주름을 깊게 만들며 말했다.

"아닙니다. 죄송합니다."

나는 재빨리 자세를 고쳐 잡으며 대답했다.

"아니기는 씨…."

뒤에 있던 다른 두 선임이 깔깔대며 웃었다. 맞선임이 바짝 얼굴을 들이대며 말했다.

"넌 여기 정리 다 끝내고 내려와, 알겠어?"

"네, 알겠습니다."

맞선임이 자주포에서 내리자 다른 선임들도 그를 뒤따랐다.

"그래도 니 맞후임은 좀 똘똘한데?"

"그래, 말도 잘 듣고. 목소리도 크고."

"그럼 뭐해? 약골 새끼인데."

맞선임은 짜증을 내며 바닥에 가래침을 뱉었고, 둘은 키득거렸다. 그러더니 갑자기 옆 선임의 어깨를 주먹으로 쳤다. 셋은 권투선수라도 된 듯 서로의 몸을 때렸고, 막사로 내려갈 때까지 주먹을 쉬지 않았다. 나는 선임들이 보이지 않을 때까지 분주한 척 포상 주변을 쓸었다. 그때 태섭이 형이 언덕에서 내려왔다. 나와 동기인 네 살 많은 형이다.

"원철아, 괜찮아? 너 혼나는 거 다 들리더라. 문신 돼지새끼, 살살 좀 하지. 나이도 어린 게."

형은 쌍꺼풀진 눈을 부라리며 막사 쪽으로 고개를 돌렸다. 매일 보는 얼굴이지만 이날따라 반듯한 이목구비가 새삼 더 잘생겨 보였다. 날렵한 턱선과 높고 긴 콧대, 자세히 보니 북극 늑대를 닮은 것 같기도 했다. 형은 내 어깨에 팔을 두르더니 자기 쪽으로 바짝 당겼다.

"철아, 형이 나중에 쟤들 혼내 줄까?"

형이 중저음의 목소리로 말했다.

"아니요, 괜찮아요."

나는 멋쩍게 웃었다.

"자식, 넌 너무 물러서 탈이라니까. 마음 바뀌면 말해."

조금 거친 면도 있지만 태섭이 형은 언제나 나를 챙겨주는 듬직한 사람이었다. 그와 함께 다니면 선임들도 나를 함부로 건들지 못했다.

자대에 배치받고 2주쯤이었나? 형에 관한 유명한 일화가 있다.

한번은 형이 심각한 얼굴로 통화하고 있는데 한 선임이 계속 옆에서 알짱거렸다. 형은 외할머니와 중요한 얘기를 하는 중이라며 그만해 달라고 부탁했지만, 그 선임은 더 얄밉게 깐족댔다. 형은 몇 차례 더 양해를 구했고 상황도 설명했지만, 선임은 그만둘 생각이 전혀 없는 듯했다. 단 몇 초만의 일이었다. 열 받은 태섭이 형은 수화기로 책상을 내려찍으며 선임을 쳐다봤고, 선임은 그대로 얼굴이 하얗게 질려 거듭 굽실거렸다. 소문에 따르면 그 선임은 그날 이후 형의 담배 심부름을 한다고 했다. 아무튼 나에겐 수호천사 같은 형이었다.

"아니면 철아, 형이랑 같이 운동할래? 가르쳐 줄게."
형이 어깨동무를 풀며 내 등에 손을 댔다.
"운동이요? 아직 별생각….""
나는 몸을 살짝 빼며 속삭였다.
"에이, 군대에선 일단 육체적으로 강해야 해. 네가 아무리 싹싹하고 똑똑해도 힘이 없으면 아무 소용 없다고."
"제가 잘할 수 있을까요?"

"지금 아니면 언제 할래? 조금이라도 빨리 시작하는 게 좋아. 시간이 지날수록 더 하기 힘들거든. 그리고 너 복학해서 연애하고 싶지? 그러려면 운동해."

"그래도…."

"내가 도와줄게. 너도 빨리 여기 선임들한테 인정받고 싶잖아. 후임들이 들어온 후에도 이렇게 무시당할 거야?"

"그치만…."

"어허! 또 그런다. 이럴 땐 그냥 형 말 믿고 하는 거야."

형은 웃으면서 주먹을 내밀었고 나도 잠시 망설이다가 주먹을 맞댔다.

"어차피 할 거면서 튕기긴. 같이 잘해 보자고, 전우여."

석양빛이 형을 비추니 부티 나는 외모가 더 부티 나게 빛났다. 나도 형처럼 반짝이는 사람이 되고 싶었다. 태섭이 형, 그는 나의 별이었다.

11

다음 날 태섭이 형은 저녁을 먹자마자 나를 부대 체력단련실로 끌고 갔다. 문을 열자마자 진한 땀 냄새가 불어왔다. 다들 거울을 보며 근육을 뽐내고 있는 모습에 나도 모르게 어깨를 움츠렸다. 태섭이 형은 바로 웃통을 벗었다. 딱 벌어진 어깨, 헐크 부럽지 않은 가슴 근육, 태평양처럼 넓은 역삼각형의 등. 모두가 동경하는 눈으로 형을 봤다. 샤워할 때도 봤지만 여기서 보니 더 끝내줬다. 형과 팔 굽혀 펴기부터 시작했다. 얼굴을 찡그리며 윗몸을 일으켰고, 철봉에도 낑낑대며 매달렸다.

"원철아, 조금만 더. 한 개만 더."
형의 외침에도 내 몸은 갈대마냥 부들부들 떨렸다. 그런 내 옆에서 형은 순식간에 턱걸이 30개를 해치웠다. 무슨 턱걸이 로봇 같았다. 결국 나는 한 개도 못 한 채 바닥에 툭 떨어졌다. 풀이 죽은 내게 형이 어깨동무하며 말했다.

"기운 내. 원래 시작은 다 그런 거야."
자존심이 상했다. 이왕 운동을 시작했으니 제대로 해 보자는 열정이 마구 솟구쳤다.
다음 날부터 저녁을 먹은 뒤 무조건 체력단련실로 향했다. 운동은 단순했다. 날마다 팔 굽혀 펴기와 윗몸 일으키기를 했고, 그 개수를 기록했다. 태섭이 형은 이런 나를 적극적으로 도왔고, 나는 그 도움을 발판 삼아 더욱더 운동에 열을 냈다. 그로부터 3개월. 내가 한 번에 팔 굽혀 펴기 30개를 하게 되자 형은 새로운 운동법을 가르쳐 줬다.

"원철아, 이제 덤벨 운동 알려 줄게. 8주 프로그램이야."

몸 전체를 하체, 가슴, 등, 어깨, 이두근, 삼두근으로 나눠 매일 다른 부위를 자극하는 운동법이었다. 1~2주 차에는 낯선 동작을 익혔고, 3~4주 차에는 덤벨 무게를 늘려 같은 동작을 하루에 40분씩 숙달했다. 바짝 선 목 근육과 시뻘건 얼굴. 덤벨을 하늘 높이 들 때마다 신음이 쩍쩍 새어 나왔다. 7주 차까지 저녁마다 모든 힘을 소진하고 밤에 곯아떨어졌다. 8주 차가 되자 근육이 살짝 드러났다.

'좋아, 오늘도 해냈어!'

샤워실에서 뜨거운 물줄기를 만끽하는 순간 깨달았다. 어쩌면 열정이란 마음이 아니라, 몸을 이루는 세포 하나하나가 불타오르는 것일지도 모른다는 사실을.

12

"상기야, 그 책 재밌어?"

상기가 코에 걸친 동그란 안경을 올리며 고개를 들었다. 여느 때처럼 운동을 마치고 생활관으로 돌아오니 상기가 침대 위에서 책을 뚫어져라 읽고 있었다.

『군주론』이라는 책이었다.

"제목만 봐도 어렵다. 머리 안 아파?"

상기는 가볍게 고개를 가로젓고는 다시 책에 집중했다.

"무슨 내용인데?"

그제야 상기가 화색을 띠며 말했다.

"냉혹한 군주가 되어라."

"뭐?"

"마키아벨리가 한 말이야. 옛 이탈리아 외교관인데, 500년 전에 리더의 원칙을 정립한 인물이지."

문득 작년에 내가 왜 학과 대표 역할에 실패했는지 궁금해졌다.

"그래서 리더는 어떤 원칙을 가져야 한대?"

"리더라면 악해지는 법도 배워야 한대. 악행을 감수하고, 악한으로 평가받는 것을 두려워하지 말라고 했어."

악해지는 법? 그러고 보니 나는 늘 동기들에게 나쁘게 평가받는 걸 걱정했다. 리더의 원칙에 좀 더 호기심이 생겨 상기에게 이것저것 물어봤고, 상기는 일타 강사처럼 책의 핵심을 콕콕 짚어 설명해 줬다. 내가 책에 관심을 보이자, 상기는 더 재밌는 책이 많다며 내일 자기와 부대 병영 도서관에 가자고 했다. 상기가 말하는 재밌는 책이 뭔지 내심 궁금했다.

"어때? 멋지지?"

상기가 활짝 웃으며 말했다.

좁은 도서관엔 낡고 커다란 책장이 대여섯 개 있고, 책장마다 책이 빼곡히 꽂혀 있었다. 상기는 각 책장에 어떤 책들이 꽂혀 있는지 알려 줬다. 『데미안』과 『인간실격』을 가리키며 꼭 읽어 보라고 권하기도 했다. 나는 자기계발서 책장 쪽에 멈춰 섰다. 검지로 턱을 톡톡 두드리며 두리번거리다가 『결국 당신은 이길 것이다』를 집어 들었다.

"내 생애 가장 힘든 시간을 보내던 그때, 인생을 송두리째 바꾼 가장 특별한 경험을 하게 되었다."

표지에 적힌 문장을 보고 몇 장을 넘겼다. 내용은 꽤 흥미로웠다. 여기 적힌 대로 말하고 행동하기만 하면 금세 멋진 사람으로 인정받을 것 같았다.

"부정적인 것은 무시하고 긍정적인 것에 먼저 집중하라."

한 달 내내 나는 태섭이 형과 운동한 뒤 자기 전까지 이 책을 읽었다.

저자의 메시지는 용기를 줬다. 물론 잘 이해되지 않는 부분도 있었다. 그럴 땐 상기에게 물으면 금방 해결됐다. 상기는 내가 생각했던 것보다 훨씬 똑똑한 친구였다.

"책 읽으니까 어때?"

취침 소등 전에 상기가 건너편 침대에서 물었다.

"잘 모르겠지만 좋은 것 같아."

나는 책을 덮고 대답했다.

"어떤 점이?"

"괜찮으니 계속해 보라고 따듯한 위로를 건네다가 정신 차리라며 채찍질하기도 하고, 이렇게 저렇게 해 보라고 조언해 주기도 하고. 뭐 그런 거 있잖아."

상기는 은은한 미소를 지으며 침대에 누웠다.

13

상병으로 진급한 지 석 달이 흘렀다. 운동을 해도 선임들에게 '멸치 새끼'라 불리고, 책을 읽을 때마다 핀잔 들어도 내가 모든 걸 놓지 않았던 이유는 나를 믿어 준 두 사람 덕분이었다. 태섭이 형은 종종 내 관물대에 에너지 드링크를 넣어 줬고, 상기는 이런 말을 건넸다.

"하나의 습관을 형성하기 위해서는 인내와 정성이 필요해. 우리가 할 수 있는 거라고는 매일 똑같은 시간과 장소에서 지루한 행동을 차곡차곡 쌓는 것밖에 없어. 무식하고, 정직하게 그냥 버텨 보는 거야. 너도 분명히 할 수 있어. 분명히."

나는 포기하고 싶을 때마다 상기가 적어 준 '존 드라이든'의 명언을 소리 내어 읽었다.

"처음엔 우리가 습관을 만들지만, 그다음에는 습관이 우리를 만든다."

그러고는 오뚝이처럼 일어나 다시 체력단련실과 병영도서관으로 향했다. 독서와 운동이 서서히 습관으로 자리 잡아간 걸까? 언제부턴가 몸과 마음과 머리가 하나로 꿰어진 기분이 들었다. 몸이 피곤한 날엔 마음이 나를 일으켰고, 마음이 나태해질 때는 머리가 나를 설득했다. 머리로 고민하기 전에 몸이 먼저 자리를 박차고 움직이기도 했다.

'내가 이렇게까지 할 수 있다니.'

어느새 나는 독후감 40편을 완성했다. 몸도 2분 동안 팔 굽혀 펴기 78개와 윗몸 일으키기 68개를 할 수 있을 만큼 변해 있었다. 산악 구보를 하며 노래를 불러도 전혀 숨차지 않았다. 이런 내게 태섭이 형은 '전우 15km 팀 마라톤 대회'에 참가하자고 제안했다. 세 명이 한 팀을 이루어야 한다는 말에 나는 상기를 끌어들였고, 우리 셋은 한 달 동안 매일 막사 주변을 달렸다. 비록 마라톤 성적은 좋지 않았지만, 함께 보낸 시간만큼 우리 사이는 더 돈독해졌다. 완주 기념으로 장병 휴게실에서 냉동 음식 파티를 했다.

"아, 똥철이만 아니었어도 더 빨리 들어오는 건데."
태섭이 형이 웃으며 말했다.
"그러게요. 누가 똥쟁이 아니랄까 봐요. 자기만 믿고 따라오라더니."
상기가 한술 더 떴다.
둘은 쉬지 않고 나를 놀렸다. 마라톤 대회 중간에 내가 갑자기 화장실에 가는 바람에 자기네들 완주 시간이 늦어졌다는 것이다. 형은 똥 냄새가 난다며 계속 손을 휘저었고, 나는 빗자루를 들고 도망가는 형을 쫓았다. 상기는 키득대며 냉동 치킨을 뜯었다. 마침내 형을 붙잡아 형의 허벅지를 때리는 순간, 형의 낯빛이 싸늘하게 바뀌었다.

"지금 뭐 했냐?"

나도 모르게 너무 세게 때린 걸까? 분위기가 어색해지려던 찰나, 휴게실 문이 덜컥 열리며 냉동 만두 한 팩이 휙 날아왔다. 떡대 맞선임이었다.

"김원철, 마라톤 수고했다."

내 눈이 휘둥그레졌고, 형은 큭 하고 코웃음을 쳤다. 떡대가 문을 쾅 닫고 나가자 형이 웃으며 말했다.

"거 봐, 형이 운동으로 인정받게 해 준다고 그랬지?"

형의 기분은 다행히 괜찮아진 듯 보였다.

"드디어 인정받은 원철이를 위하여!"

"위하여!"

상기의 건배 제의에 우리는 무알콜 맥주 캔을 부딪히며 떠들썩하게 웃었다. 컵라면과 냉동 음식을 너무 많이 먹은 탓에 웃을 때마다 배가 출렁거렸다. 더부룩한 배를 매만지며 뒷정리하려던 그때, 갑자기 부대 전체에 사이렌이 울렸다. 에에에엥.

"현 시간부로 전 포대는 6생활관으로 집합."
"현 시간부로 전 포대는 6생활관으로 집합."

북극성

14

갑자기 떨어진 집합 명령에 포대 전체가 술렁였다. 먼저 들어온 행정보급관이 근엄한 얼굴로 입을 열었다.

"3개월 내에 북한과 전쟁이 날지도 모른다."

산만했던 생활관에 침묵이 흘렀다. 다음 달에 전역할 맞선임은 한숨을 쉬었고, 어떤 후임은 손톱을 물어뜯었다. 포대장이 뒤늦게 들어와 상황을 전했다.

"군 당국으로부터 방금 연락을 받았다. 요즘 뉴스 봤지? 내부 정보에 따르면 북한에서 은밀히 3차 핵실험을 준비하고 있다. 남북 정전협정을 깬다는 말도 나오고."

생활관에는 숨소리조차 들리지 않았다. 포대장이 계속 말했다.

"한마디로 지금 군 내부는 비상 그 자체야."

나와 태섭이 형, 상기는 굳은 얼굴로 서로를 바라봤다. 우리는 이미 알고 있었다. 정말로 전쟁이 터지면, 전방 포병대대인 우리가 가장 먼저 적의 타깃이 된다는 것을. 다음 날 오전 포대장이 지켜보는 가운데 모든 포대원이 만일을 대비해 유서를 썼다.

나도 가족과 친구들에게 유언을 남겼다. 주변을 둘러보니 다들 하나같이 침울했다. 정말 순직할지도 모른다고 생각하니 눈가가 촉촉해졌다.

편지지를 반쯤 채웠을까? 죽음에 관한 여러 기억이 머리를 스쳤다. 며칠 전 들은 큰외삼촌의 부고, 2주 전 군사 작업 도중 내 이마를 스친 큰 곡괭이, 포탄 운반과 사격 훈련 때마다 하사들이 거듭 강조하던 사고 가능성, 최근 보도된 총기 난사 사건. 돌이켜보면 언제 죽어도 이상하지 않을 시한부 인생이었다. 죽음은 우리에게 너무나 명백한 결말이었고, 삶은 생각보다 훨씬 더 짧았다. 부모님을 다시 볼 수 있을까 하는 걱정에 잠이 오지 않았다.

15

"데프콘 투. 데프콘 투."

"파스트 페이스. 파스트 페이스."

새벽 2시, 사이렌 경보가 울렸다. 나는 화들짝 놀라 이불을 박차고 일어났다. 복도 전체가 붉게 깜빡였고, 스피커에서는 사격 준비 명령이 다급하게 되풀이되었다.

"원철아, 군장!"

상기가 허둥대는 내게 소리쳤다. '파스트 페이스'. 적과의 전면전이 임박했으니 출동 준비 태세를 갖추라는 명령이다. 우리 셋은 미친 속도로 군장을 싸고 방탄모를 눌러 쓴 뒤 총기를 들고 포상 위로 질주했다. 칼바람을 뚫고 자주포에 도착해 빛의 속도로 사격 준비를 했다. 소대장이 통신장비에 대고 외쳤다.

"넷 포, 준비 완료."

다른 소대장들도 이어 보고했다.

"둘 포, 준비 완료."

"여섯 포, 준비 완료."

뒤이어 들려오는 중대장의 목소리.

"전 포대 준비 완료. 사격 개시."

"사격 개시!"

우웅 소리가 나며 포탄이 날아갔고 바닥은 강한 진동으로 떨렸다. 귀가 멍해지더니 좌우에서 돌풍이 휘몰아쳤다. 옆문에 자갈들이 부딪히는 소리가 났다. 두 번째 포탄을 장전하려는 그때, 벼락같은 소리와 함께 멀리서 고막을 뚫는 폭발음이 들렸다.

"적 포탄 낙하!"

사방에서 고함을 질러 댔다. 산 곳곳에 불이 붙었다는 다급한 외침도 들렸다. 미사일이 굉음과 함께 머리 위로 빠르게 지나갔다. 그리고 연이어 들리는 비명. 화포 천장문을 연 맞선임의 귀에서 피가 뚝뚝 떨어졌다. 뜨거운 열기가 내 몸을 감쌌다. 뒷문을 여니 주둔지는 불바다가 되어 있었다. 여기저기서 터지는 자주포와 장갑차 사이로 얼굴이 시꺼메진 장병들이 뛰어다녔고, 주인 없는 팔다리가 바닥에 널브러져 있었다. 그때 포화 속에서 나를 부르는 소리가 들렸다. 태섭이 형이었다.

"철아, 살려 줘. 나 아직 죽으면 안 돼."

자욱한 먼지 너머로 형이 내 쪽으로 기어 오고 있었다.

뒤를 보니 맞선임과 소대원들은 이미 기절했고, 조종수석 후임도 대답이 없었다. 패닉 상태인 소대장을 뒤로한 채 나는 형을 구하러 밖으로 뛰쳐나갔다. 형은 피로 흥건한 배를 부여잡으며 절규했다. 까만 하늘에 붉은 점 수십 개가 보였다. 귀에서 삐 소리가 나더니 눈앞이 깜깜해졌다.

"태섭이 형!"

나는 형을 부르며 벌떡 일어났다. 창밖에는 천둥 번개와 함께 비가 송곳처럼 쏟아졌고, 침상은 땀으로 흥건하게 젖어 있었다. 생생한 꿈이었다. 옆 침대에서 코 골며 자는 형을 한참 바라봤다. 조금 전까지만 해도 흘러내리는 창자를 뱃속으로 주워 담던 형이었는데. 몇 분이 더 흐른 뒤에야 나는 가슴을 쓸어내리며 겨우 잠들었다.

16

다음 날 저녁부터 비상경보가 쉴 새 없이 울렸다. 밥을 먹다가도, 샤워를 하다가도, 잠을 자다가도 사이렌이 울리면 죽기 살기로 화포로 뛰어올랐다. 전시를 대비한 훈련은 전쟁이나 다름없었다. 어딜 가나 총기와 개인장비를 휴대했고, 비닐봉지에 담긴 밥을 먹을 때만 방독면을 벗을 수 있었다. 장병들은 점점 더 미쳐 갔고, 매일 밤 내 꿈속에서는 사람들이 죽어 갔다.

전쟁의 공포 속에서 몇 달을 보냈다. 병장이 된 이후에도 북한은 여전히 도발을 멈추지 않았다. 끝날 줄 모르는 전시 상황에 중대장은 '인생 로드맵'이란 것을 쓰라고

했다. 병사들의 생존 의지를 강화하기 위해 실시하는 대대 정신교육 중 하나였다. 나는 빈 종이에 무사히 전역하면 하고 싶은 것들을 써 내려갔다. 가족 여행, 친구들과의 술자리, 연애와 취업, 배낭여행도 해 보고 싶었다. 그리고 결혼, 직업에서의 성공, 은퇴 후 소소한 여생으로 남은 여백을 채운 뒤 마지막에는 조문객으로 붐비는 장례식을 썼다.

건너편을 보니 태섭이 형의 얼굴도 사뭇 진지했다. 상기는 엷은 미소로 자신의 로드맵을 보고 있었다. 나는 바꿔서 보자고 제안했고, 상기는 흔쾌히 보여 줬다.

제목: 지혜를 사랑하는 인생

100세: 수목장 - 나를 만들었던 책과 함께

80세: 자서전 출간하기 - 평생의 지혜

65세: 남해 독립서점 책방지기 - 인문고전

...

35세: 국내외 여행가이드 - 도서관, 서점 투어

...

23세: 인문고전 강독 독서모임 만들기, 국외여행 인솔자 자격증 준비하기 인생을 죽음부터 거꾸로 계획하는 상기의 방식이 신기했다. 여행하며 독서문화를 나누고 글을 쓰는 인생. 늘 넓은 세상을 궁금해하며 배움을 강조하던 그와 잘 어울리는 꿈이었다. 고된 훈련 중에도 어학 공부와 독서를 놓지 않는 상기라면 분명 이룰 것 같았다. 상기의 로드맵을 본 뒤로 머리가 더 복잡해졌다.

'멋지게 산다는 건 어떤 걸까?'
'어떻게 하면 후회 없이 살 수 있을까?'

여태껏 주변 사람과 세상에 후한 평가를 받는 것만 목표로 삼은 까닭일까? 그저 세상의 기준에 맞춰 무작정 달려온 탓에 무엇이 좋은 삶인지 대답하기 어려웠다. 상기에게 물으니 그것은 스스로 답을 찾아야 하는 일이라고 했다. 야간 불침번을 서며 태섭이 형에게도 같은 질문을 했다.

"형은 전역하면 뭐 할 거야?"
"일단 어머니 납골당에 갔다가, 입대 전부터 생각했던 사업을 준비하려고."
"어떤 사업인데?"

"비이–밀."

형이 웃으며 내 볼을 꼬집었다. 나는 계속 질문했다.

"그러고 보니 형은 늘 어머니 얘기만 하는 것 같아. 아버지는?"

하지만 아버지라는 말이 나오자 형은 입을 닫아 버렸다. 그러고는 어딘가 불편해 보이는 얼굴로 밤하늘을 올려봤다. 분위기가 무거웠다.

"그래, 나도 아빠 얘기하는 거 안 좋아해. 엄마랑 나를 많이 힘들게 했으니까. 전에 형한테도 말했지?"

나는 너털웃음을 지으며 말을 돌렸다.

"그나저나 부럽네. 나는 아직 공부 말고는 뭘 해야 할지 모르겠어."

하늘을 보며 밤공기를 크게 들이마셨다. 쏟아지는 별빛이 칠흑 같은 세상을 환하게 밝혔다.

'내 앞길도 별 하나가 훤히 비춰 준다면 얼마나 좋을까?'

허허벌판에서 헤매는 기분. 풀벌레 소리가 그날따라 더 적막하게 느껴졌다.

'어? 잠깐만… 별 하나? 맞다, 노트!'

불현듯 오랫동안 잊고 있었던 노교수의 질문이 생각났다.

'자네의 별은 어디 있을까?'

이틀 뒤 나는 엄마에게 부탁해 특급 배송으로 노교수가
준 보라색 공책과 금빛 펜을 받았다. 제일 앞장을 펼치자
심장이 부르르 떨렸다. 생각해 보니 내 앞길을 비춰 주는
별은 이미 곁에 있었다. 빈칸을 채우는 것은 어렵지 않았
다. 노교수의 질문도 마찬가지였다.

' 김원철 의 별은 '강태섭'과 '최상기' 다.'

하지만 새로운 고민이 다시 앞을 가로막았다. 곧장 부대
컴퓨터실로 달려가 교수에게 이메일을 보냈다.

제목: 저 입대했습니다

　별을 찾고 싶어 일단 군대로 떠났습니다. 운이 좋게도 여기서 '강태섭'과 '최상기'라는 두 별을 만났습니다. 별처럼 반짝이는 멋진 사람들입니다. 그들은 제가 갈피를 못 잡을 때마다 늘 따뜻한 관심을 비춰 주었습니다. 마치 등대처럼요. 둘의 인정 덕분에 독서와 운동도 습관이 되었어요.
.

　그런데 문제는 전역하면 이 둘과 헤어진다는 것입니다. 그러면 또 다시 별이 없는 상태로 살아갈 텐데, 앞으로 무엇에 기대어 살아야 할지 모르겠습니다. 고수님의 의견이 듣고 싶습니다.

김원철 올림

별을 찾기 위해 군대로 뛰어들다니 훌륭하구먼. 게다가 독서와 운동까지. 달라진 자네의 모습이 여기서도 보이는 듯하네. 등대 같은 두 사람에게 고마워해야겠군. 하지만 그들이 그냥 자네를 돕고 인정해 준 건 아닐 거야. 분명 자네의 어떠한 점이 마음에 들었겠지. 바로 그 점에 자네가 기댈 북극성이 있을지도 모르네.

북극성이 뭐냐고? 예로부터 여행자들이 나아갈 방향을 가늠할 때 찾던 별이라네. 별의 위치가 잘 변하지 않기 때문에 길잡이 별이라고도 불렸지. 한번 돌아보게. 입대 전에는 학과 사람들과 총학생회장 홍보단, 입대 후에는 강태섭과 최상기라는 두 사람. 자네를 인정하는 사람들이 사라질 때마다 다시 찾아 나서는 일이 힘들지 않았나? 매번 새롭게 찾는 게 아니라 사라지지 않고 늘 그 자리에서 반짝이는 별, 언제 어디서나 자네를 비춰 주는 그런 별은 없는 걸까?

2014년 8월 17일
푸른 밤하늘 아래서
심성

* 추신: 그나저나 교수라는 호칭은 좀 딱딱해서 말이지. 앞으로는 편하게 '영감님'이라고 부르게. 그리고 내 두 번째 질문은 이것이라네.

〈질문 2〉
자네의 북극성은 과연 무엇일까?

17

"혹시 훈련 많이 시키려고 군에서 거짓말한 거 아냐?"

"그럼 그렇지, 2014년에 전쟁이라니. 말도 안 되지."

9월이 되자 부대는 조용해졌고, 생활관에도 조금씩 웃음이 찾아들었다. 동기들은 전역을 고대하며 틈만 나면 여자 얘기를 주고받았고, 여자 아이돌 그룹을 보며 춤을 췄다. 가끔은 나도 그런 분위기에 동참했지만, 책을 읽고 운동을 하는 데 대부분 시간을 보냈다. 그리고 영감님이 말한 '북극성'이란 게 대체 무엇일지 계속 공책에 끄적였다.

'태섭이 형과 상기는 왜 나를 좋아하는 걸까?'

'기분을 맞추려고 무지 애를 쓰거나, 함께 시간을 보내려고 매번 다가간 것도 아니었는데.'

'그저 두 사람이 가르쳐 준 것을 잘하고 싶어서 노력했을 뿐인데.'

그리고 보니 그들은 내가 뭔가를 잘하게 되거나 해낼 때마다 함께 기뻐해 줬다. 노력, 능력, 성취. 왠지 이런 단어가 나의 북극성과 관련이 있을 것 같았다.

'그래. 무작정 사랑받으려고 매달리는 게 아니라, 사람들이 인정해 주는 행동에 집중해야 해.'

'성과를 내는 것도 중요하지만, 부단히 노력하고 실력을 쌓는 게 훨씬 더 중요해. 그럴 때 사람들에게 제대로 인정받고 사랑받을 수 있어.'

나는 날마다 형과 상기에게 인정받은 모습을 노트에 적었다. 후임들은 침상 주변에 책을 쌓아 두고 뭔가를 끄적이는 나를 신기해했고, 비가 오나 눈이 오나 독서와 운동을 빠트리지 않는 나를 우러러봤다.

시간은 빠르게 흘러 어느덧 전역하는 날이 되었다.

"전체 차렷, 대대장님께 대하여 경례."

"이기자!"

청명한 가을 하늘. 나와 태섭이 형, 상기는 후임들의 경례를 받으며 군용 버스에 올랐다. 가슴에서 승전고가 둥둥 울렸다. 이등병 시절부터 전역하는 날까지의 모든 기억이 한바탕 꿈처럼 느껴졌다. 환희에 찬 미소로 보라색 노트를 내려다봤다. 이것이 나의 북극성이었다.

〈'태섭'과 '상기'에게 인정받은 모습들〉

1. 끈기: 무식하고, 정직하게 (체력단련실, 병영 도서관)

2. 운동: 노력하면 할 수 있다 (전우 15km 마라톤 완주)

3. 독서: 괜찮아, 이렇게 하는 건 어때, 정신 차려 (독서 90권)

(중략)

별이 부서질 날

18

G대학교 복학 후 처음으로 학과 단합대회를 하는 날이었다. 사범대 농구장에 도착하니 동기 녀석들이 맥주를 벌컥벌컥 마시고 있었다. 입대 직전 주막 일로 동기 전체에게 사과 문자를 보냈을 때 내게 욕을 퍼부었지만 사정도 이해해 준 두 친구다.

"왜 이리 늦게 왔어, 매앤."

"술 한잔할래? 브로?"

병나발을 부는 둘 옆에 앉아 조용히 행사를 구경했다. '몸으로 말해요', '이구동성 퀴즈', '맥주 빨리 마시기' 등. 농구장에서는 1학년 때 했던 유치한 게임들이 똑같이 진행되고 있었고, 후배들은 삼삼오오 모여 열심히 응원했다. 예전 같으면 그 무리에 어울리려고 무척 애를 썼겠지만, 나는 가만히 자리를 지켰다. 좋은 성적과 모범적인 생활. 이제는 이런 걸로 주목받고 싶었다.

"근데 원철, 뭐 하다가 이제 왔는데?"

광용이가 맥주 냄새를 풍기며 물었다.

"맞아, 연락해도 한참 지나서야 답장하고. 수업도 혼자 다른 거 듣고 말이야."

태한이도 촉새처럼 쨋쨋댔다.

"도서관에 있었어. 전공 논문 좀 읽는다고."

내 대답에 둘은 동시에 눈살을 찌푸렸다.

"뭐? 도서관? 군대 갔다 오더니 애가 맛이 갔네."

"그래, 1학년 땐 여자 뒤꽁무니만 쫓아다니던 놈이. 군대에서 뭐 잘못 먹었냐?"

둘에게 이상한 놈 취급을 받으며 군대 얘기를 하다 보니, 어느새 행사도 막바지에 다다랐다. 집행부 후배가 마이크를 집어 들었다.

"자, 이제 마지막 게임입니다. 학과 단합대회의 꽃 '물풍선 터트리기'. 선배님들은 보드판 뒤로 가서 구멍에 얼굴을 내밀어 주시고, 신입생들은 물풍선을 던져 상대 팀 선배의 얼굴을 맞추면 되겠습니다."

앰프에서 신나는 음악이 쿵쾅댔다. 나와 태한이는 보드판 뒤로 이동했고, 두 신입생 후배가 물풍선을 집어 들었다. 경기 시작과 함께 태한이 팀 후배는 백발백중 나를 맞췄다. 반면 우리 팀 후배는 계속 엉뚱한 곳으로 던졌다. 결국 3분 동안 나만 홀딱 젖은 채 경기가 끝났다. 광용이와 태한이는 배꼽을 잡고 웃었다. 멀리서 같은 팀이었던 단발머리 여자 후배가 달려왔다.

"선배, 진짜 죄송해요."
"아냐, 괜찮아. 신경 쓰지 마."
후배는 미안했는지 갑자기 울음을 터트렸다.
"아니, 진짜 괜찮다니까? 울지 마."
내가 몇 번이나 다독이고 나서야 후배는 울음을 그쳤고, 나는 그제야 뒤돌아 젖은 티셔츠의 물기를 짰다. 그 순간 주변에서 커다란 함성이 터져 나왔다.
"선배! 등에 살아 움직이는 나비가 있어요."
"저도 운동 좀 가르쳐 주세요."

옷이 흠뻑 젖어 내 맨살이 고스란히 드러난 것이다. 약간 부끄럽고 당황스러웠지만, 어쨌든 콤플렉스였던 몸에 대해 칭찬받으니 기분이 좋았다. 소리를 지르며 엄지를 치켜세우는 후배들 사이로 단발머리 후배가 보였다. 막 울음을 그쳤는지 아기 고양이처럼 큰 눈망울을 닦고 있었다. 다른 여자 후배들과 달리 화장기 없고 크게 꾸미지 않아 오히려 매력적으로 느껴졌다. 그때 태한이가 달려와 내 멱살을 잡았다.
"너 이 자식, 몸 자랑하려고 일부러 그랬지?"

광용이도 음흉한 표정으로 다가와 나를 툭 쳤다.

"자식, 노렸네. 행사 정리하고 뒤풀이 갈 거지?"

태한이가 내 멱살을 더 힘껏 움켜쥐며 말했다.

"여자 후배들이 있는데 당연히 가겠지. 아니면 벌써 우리 몰래 사귀고 있을지도. 이 배신자 새끼."

나는 잠시 고민하다가 둘에게 조심스레 말했다.

"미안, 오늘 꼭 가야 할 곳이 있어서 뒤풀이는 못 가겠다. 재밌게 놀아."

실망하는 두 사람을 보니 마음이 불편했다. 하지만 아무렇지 않은 척 인사한 뒤 기숙사에서 옷을 갈아입고 지하철역으로 향했다.

19

"오늘 저자와의 만남을 위해 시립도서관을 찾아 주신 독자분들께 깊이 감사드립니다. 교수님의 신작 『우리 인생에 춤추는 별을 초대하려면』은 철학자 니체의 사상으로 우리 삶을 꿰뚫는⋯."

나는 진행자의 말을 들으며 제일 앞줄에 앉았다. 벌써 심장이 콩닥거렸다.

"여러분, 심성 교수님을 소개합니다. 큰 박수 부탁드립니다."

진행자의 청아한 목소리와 함께 영감님이 무대 앞으로 걸어 나왔다. 나는 눈에 힘을 주어 쳐다봤고, 영감님도 나를 발견하고는 약간 놀랐다는 듯 눈인사를 했다. 영감님은 밝게 인사한 뒤 이런 말로 운을 뗐다.

"살다 보면 누구나 크고 작은 어려움을 겪어요. 그 어려움은 인간관계, 돈, 건강과 재난, 부조리한 사회, 아니면 우리 마음속 혼란에서 오곤 하죠. 그럴 때는 북극성이 필요합니다. 살아갈 방향을 알려 주는 불빛 말입니다. 여러분의 북극성은 무엇인가요?"

영감님이 몇 사람을 지목했다.

"가족이요."

"종교죠."

"산일까요?"

"심성 교수님이요."

부모 품에 안긴 아이의 대답에 사람들이 큰소리로 웃었다. 영감님은 아이와 하이파이브를 한 뒤 내게 다가와 똑같이 질문했다.

"학생의 북극성은 뭔가요?"

나는 자신 있게 대답했다.

"저는 제가 좋아하는 사람들이 인정해 주는 모습과 행동을 따라가는 것 같습니다."

영감님이 나를 물끄러미 바라보며 되물었다.

"자기 모습과 행동이라고요?"

뒤에서 콧방귀가 들렸다. 내 대답이 이상한 걸까? 순간 겨드랑이에 땀이 났다. 모두가 수긍할 답변을 찾느라 다시 머리를 쥐어짰다.

"그렇군요."

다행히 영감님이 고개를 끄덕였고 다시 무대 중앙으로 돌아가 강연을 이어 갔다.

"여러분의 다양한 별을 공유해 줘서 고맙습니다. 그러면 저의 별도 말씀드려야겠죠?"

청중이 크게 호응했다.

"책에서도 밝혔지만, 저의 북극성 중 하나는 바로 이겁니다."

영감님은 가방에서 소지품을 주섬주섬 꺼내더니 투박한 쇠망치를 우리 앞으로 쑥 내밀었다. 쇠망치? 전혀 예상치 못한 물건이었다.

"그 망치가 왜 북극성입니까?"

나와 생각이 같은 한 아저씨가 의아하다는 듯 물었다. 영감님이 허허 웃었다.

"망치는 두 가지 용도로 쓰여요. 하나는 물건을 부술 때, 또 하나는 물건을 만들 때죠."

나는 여전히 이해되지 않았다.

"망치가 부수고 만드는 것은 비단 물건만이 아닙니다. 생각도 부수고 만들죠. 그 망치를 저는 '철학'이라 부릅니다."

나는 가볍게 고개를 끄덕였다.

"그런데 실제로 철학을 망치처럼 휘두른 독일 철학자가 있습니다. 누굴까요?"

청중은 무대 현수막에 인쇄된 그의 새빨간 책 표지를 올려봤다. 표지에는 덥수룩하게 콧수염을 기른 중년 남자가 뭔가를 골똘히 생각하듯 허공을 노려보고 있었다. 아까 질문한 아저씨가 큰소리로 대답했다.

"니체입니다."

"맞습니다. 프리드리히 빌헬름 니체, 신을 죽인 남자죠."

영감님은 '신을 죽였다'라는 표현의 배경과 의미를 간략하게 설명했다. 설명을 들으니 니체가 왜 파괴와 창조의 철학자인지 어렴풋이 이해되었다.

"그러면 잠시 니체가 되어 생각해 봅시다. 아까 몇몇 분이 북극성이라고 말한 것들을 다시 한번 떠올려 보세요. 가족, 종교, 그리고 보니 저도 있었군요?"

영감님이 순박하게 웃자 청중도 따라 웃었다.

"그런데 만약 영원불변의 빛이라고 확신했던 그 북극성이 사실 잘못된 방향을 알려 주고 있었다면, 진실로부터 멀어지는 길을 비췄다면, 되레 여러분의 행복과 자유를 억눌렀다면 그땐 어떻게 하시겠습니까?"

침묵이 흘렀다. 잠시 뒤 정적을 깨고 옆에 앉은 아주머니가 조심스레 물었다.

"설마 북극성도 신처럼 없애야 하나요?"
"빙고. 살면서 한 번쯤 자신의 별을 부수게 될 날이 올겁니다. 다른 사람이 대신 부숴 줄 수도 있고, 어쩌면 여러분 손으로 직접 그 별을 부숴야 할지도 모릅니다. 물론 모조리 부수라는 말은 아닙니다. 별을 얼마만큼 부술지

는 여러분 몫이죠. 아까도 말했듯이 파괴는 창조를 위해
서 하는 겁니다."

사람들이 웅성거렸고 몇몇은 따지고 들었다. 말도 안 된
다며 밖으로 나가는 사람도 있었다. 영감님은 더 신난 얼
굴로 목청을 높였다.
"자, 그럼 다시 질문하겠습니다. 여러분에겐 별을 부술
망치가 있나요?"
청중은 아무 대답도 하지 않았다. 그때 회색 정장을 입
은 두 남자가 무대 중앙으로 검은 플라스틱 상자를 옮겼다.
두 남자는 상자 안에서 책가방 크기의 뇌 조형물과 영감
님의 신작을 꺼냈다. 분홍색 모형 뇌가 푸딩 젤리처럼 출
렁였다. 영감님은 그 옆에 놓인 자신의 빨간 저서를 높이
들어 빙빙 돌렸다. 청중은 수군댔고, 나는 침을 삼키며 그
의 움직임을 주시했다. 바로 그 순간 영감님이 나를 보며
씨익 웃었다.

"이 책이 여러분의 망치가 될 겁니다."

꽈앙, 하는 소리와 함께 뇌 모형이 박살 났다.

망치와 병아리

20

"원철아, 이제 그만 마셔라. 벌써 몇 병째야."
태한이가 내 팔을 붙잡았다.
"좀 내버려 둬. 술도 내 맘대로 못 마시냐?"
나는 팔을 뿌리치며 점원을 불렀다.
"여, 여기 소주랑 맥주 하안… 병 더…어요."
"아니요, 그만 마실게요."
태한이가 손사래를 치며 점원을 돌려보냈다.

"이제 집에 가자. 전역하고는 입에 술 한 방울 안 대던
놈이."
광용이가 내 옷자락을 잡아당겼다.
"그 여자애 이름이 뭐라고? 명이? 영이?"
태한이가 짜증 섞인 투로 물었다.
"연이…."
나는 테이블에 머리를 박으며 대답했다.

'이연'. 얼마 전 물풍선 게임에서 한 팀이었던 그 단발머
리 후배의 이름이다. 지난달에 한 번, 2주 전에 한 번, 어
제까지 총 세 번을 차였다.

"아씨, 그냥 다른 여자 만나. 신입생 중에 예쁜 여학생 많잖아."

광용이가 소리쳤다.

"아니면 신입생들이랑 술이라도 마시면서 좀 친하게 지내던가. 허구한 날 도서관이랑 헬스장에만 처박혀 있지 말고. 걔 동기들에게라도 잘 보여야 그 여자애도 너한테 관심을 가질 거 아냐."

나는 아무 대꾸도 하지 않았다. 둘은 고개 숙여 술만 마시는 나를 한심하게 쳐다봤다. 두 사람과 헤어진 후 혼자 기숙사로 돌아왔다.

'정말 예전처럼 술자리에서 잡담이나 하며 연이 동기들에게 인기라도 얻어야 하나?'

조금 전 두 사람이 했던 말을 떠올리며 책장을 봤다.

한 달 전 영감님에게 사인받은 빨간 책을 꺼내 처음으로 펼쳤다. 사인 위에 적힌 질문이 그제야 눈에 들어왔다.

〈질문 3〉 원철 군의 북극성도 부숴야 할 날이 올까요?

"아니야."

나는 혼잣말한 뒤 책 몇 장을 가볍게 훑었다. 술을 많이 마셔서 그런지 글자가 흐릿하게 보였다. 그런데 전에는 보지 못한 책갈피 하나가 끼워져 있었다. 거기에는 이런 문장이 크게 적혀 있었다.

"춤추는 별 하나를 탄생시키기 위해 우리는 스스로 자신 속에 혼돈을 지니고 있어야 한다."

창밖에서 유리병 깨지는 소리가 들렸다.

21

2주 동안 연이에게 아침저녁으로 연락했다. 몇 번 함께 밥을 먹고 틈틈이 작은 선물을 줬지만, 연이는 조금만 더 시간을 달라는 말만 했다. 군대에서처럼 포기하지 않고 노력하면 연이에게도 인정받을 줄 알았는데, 연이는 내가 뭘 하든 관심이 없었다. 연이의 마음을 얻지 못하는 날이 길어질수록 영감님의 말이 머릿속을 더 휘저었다.

'그 낡은 별을 망치로 부숴야 합니다.'
어제 3학년 민진 선배와 밥을 먹으며 웃던 연이 얼굴이 떠올랐다.

'연이는 민진 선배처럼 잘 놀고, 같이 있으면 웃긴 남자를 좋아하는 걸까?'

'난 이제 그런 사람이 아닌데. 내실 있는 사람으로 인정받고 싶은데.'

'북극성을 잘못 정한 걸까?'

마음속으로 수없이 망치를 들었다 놓기를 며칠, 눈물로 베개를 적시며 연이에게 문자를 보냈다.

'오랜만에 연락하네. 그동안 내가 너무 좋아한다고 달려들어서 부담스러웠지? 미안해. 이제 너한테 그만 연락하려고. 좋은 사람 만나면 좋겠어. 잘 지내.'

다음 날부터 온종일 영감님에게 받은 책만 읽었다. 태한이와 광용이는 다른 여자 후배를 소개해 준다며 술자리에 불렀지만, 나는 그냥 기숙사에서 책을 읽거나 '이연'이 좋아하는 야구를 봤다. 오늘은 롯데 자이언츠가 이겼다. 그녀가 좋아할 모습이 눈에 선했다. 불을 끄고 침대에 누워 머릿속으로 연이를 그렸다. 호수처럼 고요한 눈과 병아리처럼 앙증맞은 입술까지 그렸을 때 전화벨이 울렸다.

"원철 선배, 저 연이예요. 할 말이 있어서요."

22

새들이 노래하는 도서관 창가에 앉아 영감님의 책을 베껴 썼다. 따스한 봄바람, 구름 한 점 없는 파란 하늘. 어느덧 3학년이 된 나는 계절과 함께 무르익고 있었다. 몸에는 단단한 근육이 차올랐고, 정신에는 자신감이 피어났다. 무엇이든 의심하고 되묻고 검증하는 습관은 거대한 도끼처럼 내 선입견을 반으로 갈랐다. 나는 그 틈에서 새어 나오는 갖가지 지식과 지혜를 빨아들였고, 배운 것을 덕지덕지 붙여 나의 북극성을 키워 갔다. 모든 게 한 뼘 더 자라난 기분이었다.

"너희들은 철학이 뭐라고 생각해?"
나는 커피잔을 내려놓으며 물었다.
"넌 꽤 좋은 친구인데, 쓸데없는 얘기를 너무 많이 해."
광용이가 닭가슴살 샌드위치를 먹으며 말했다.

"소크라테스나 공자? 그런 사람들이 하는 말이잖아. 쉬운 말을 괜히 어렵게 부풀려서 뜬구름만 잡는…. 요즘 너처럼."
태한이가 눈을 가늘게 뜨며 가운뎃손가락을 내밀었다.

나는 조용히 입꼬리를 올렸다.

"그래, 말해라 말해. 넌 철학을 뭐라고 생각하는데? 그 말이 듣고 싶었던 거지? 또 유식한 척하려고."

태한이가 차가운 아메리카노를 벌컥벌컥 마셨다.

"철학이란 어떤 것을 골몰히 생각하고 이치를 따지는 행위, 사색 그 자체지."

두 사람이 무표정한 얼굴로 째려봤다. 나는 아랑곳하지 않고 다시 질문했다.

"요즘 내가 가장 자주 되새기는 말이 있는데, 알려 줄까?"

"하…. 또 뭔데?"

광용이가 한숨을 내쉬었다.

"춤추는 별 하나를 탄생시키기 위해 우리는 스스로 자신 속에 혼돈을 지니고 있어야 한다. 니체가 한 말이야. 멋지지? 너희도 너희만의 별을 한번 낳아 봐."

광용이가 삿대질했다.

"내가 좋아하는 말 알려 줄까? 김원철은 미친놈이다."

태한이도 갑자기 불경 같은 걸 외우며 합장했다.

"좋은 말씀 감사합니다, 원철 스님. 이제 그만 소생들에게 여자친구와 기념일에 뭐 할 건지나 말해 주시지요. 이 또라이 자식아."

나는 또 설레발을 쳤다.

"그 전에 이것 하나만 대답해 줘."

"쫌!"

얼마 지나지 않아 나는 학과생 대부분에게 따분한 사람이
되었다. 동기들과 후배들은 이런 나를 '진지충', '노잼 선
배'라 부르며 놀렸고, 선배들도 더는 나를 술자리에 부르
지 않았다. 그래도 괜찮았다. 나에게는 연이가 있으니까.
곧 1주년이다.

23

"준비됐어? 하나 둘 셋."

활짝 웃으며 연이와 케이크 촛불을 껐다. 1주년이었다.

"이 꽃다발 내가 직접 포장한 거다? 어때? 마음에 들어?"

"주변에 다 찾아봤는데, 여기만큼 야경이 근사한 데가
없더라고."

"짜잔, 공방 가서 반지 만들었지롱. 사이즈가 맞을지 모
르겠네."

나는 계속 경쾌한 목소리로 분위기를 띄웠다.

하지만 연이는 바닥만 봤다. 고맙다는 말은 했지만 어딘가 시큰둥한 표정이었다.

'또 뭐가 마음에 안 드는 걸까?'

농담을 던져도 반응하지 않는 연이를 보니 기분이 썩 좋진 않았다. 주려던 편지를 그대로 넣어 둔 채 잠시 입을 닫았다. 그때 연이의 휴대폰에서 전화벨이 울렸다. 남자 목소리였다. 통화 내내 연이는 다정했고 가끔 웃기도 했다. 나에겐 한 번도 보여 주지 않던 웃음이었다. 통화가 끝난 뒤 연이에게 물었다.

"누구야?"

"그냥 고등학교 친구예요."

"고등학교 친구 누구? 남자 목소리던데?"

"초등학생 때부터 알고 지낸 친구요. 정문 앞에서 밥 먹다가 연락해 봤데요. 걔도 우리 학교 다니거든요."

"걔는 너한테 남자친구 있는 거 뻔히 알면서도 그렇게 연락해? 남녀 사이에 친구가 어딨어? 친구라도 남자랑은 연락 안 했으면 좋겠어. 나도 여자 동기들이랑 연락 다 끊었잖아."

나도 모르게 언성을 높였다.

"그냥 친구인데 왜 그래요? 지난번에 태한 선배와 연락한 것 가지고도 뭐라 하고."

"그건 네가 나보다 태한이랑 더 친해 보여서…."

연이는 싸늘한 얼굴로 내 말을 잘랐다.

"지난번에 기말고사 끝나고 술 마실 때도 마찬가지예요. 계속 전화해서 술 안 취했는지 캐묻고, 여자 동기들만 있다고 해도 어디서 남자 목소리 들린다 그러고."

"솔직히 나도 서운한 거 많아. 왜 매번 나만 노력해야 해? 그리고 지금까지 참았는데 말이야…."

30여 분간 말다툼이 이어졌고, 결국 연이는 나를 등지고 떠났다. 매번 매달리며 사과했던 나였지만 이번에는 붙잡기 싫었다. 연이도 한 번은 자기 행동을 돌아봐야 한다고 생각했다.

하지만 그날 이후 연이에게서 전화 한 통도 오지 않았다. 그렇게 사흘이 지났다.

'연애하면서 다른 이성과 친하게 지내는 게 이상한 거 아닌가?'

'데이트할 때마다 꽃을 사고, 분위기를 끌어올리려고 애쓰는 내 진심을 연이는 알까?'

'그런데 그 남자애 혹시 연이에게 딴마음 품고 있는 거 아냐?'

 별의별 생각이 다 들었다. 불안한 마음에 태한이에게 전화를 걸었다.

 "너도 나처럼 그냥 헤어져. 세상에 여자가 어디 개 한 명뿐이냐?"

 "오늘 밤 광용이랑 클럽이나 헌팅 포차 갈 건데, 너도 나와. 저녁 7시에 정문에서 보자."

 태한이는 그런 연애는 빨리 끝내라며 계속 뭔가를 조언했다. 통화할 때만 해도 나름대로 일리 있다고 생각했지만, 막상 전화를 끊고 나니 기억나는 말이 하나도 없었다. 어쨌거나 연이와 다시 만나고 싶은 것은 분명했다.

 '자?'

 '뭐해?'

 같은 문자를 썼다 지우기를 반복한 지 몇 분이 지났다. 이제는 보내야겠다고 문자를 쓰는데 갑자기 전화가 왔다. 몹시 흥분한 마음을 애써 억누르는 듯한 목소리. 엄마였다.

 "아들, 이번 주에 집에 오면 좋겠어."

오래된 사진첩

이틀 뒤 집으로 돌아갔을 때 엄마는 흐느끼고 있었다. 다음 날 엄마는 초연한 얼굴로 상담을 받자고 말했다. 아빠는 내키지 않아 했지만 따를 수밖에 없었다. 그렇지 않으면 이혼이었으니까. 3주 동안은 개별 상담을, 4회차부터는 집단 상담을 했다.

"도대체 무슨 생각을 하고 사는지. 이 사람 머릿속을 한번 들여다보고 싶어요. 미안하다면서 일 저지르고, 안 그런다면서 또 사고 치고. 10년 동안 이 짓을 반복했어요. 하다 하다 이젠 불법 스포츠 도박까지⋯."

엄마가 과거 얘기를 꺼내자 줄곧 반박하던 아빠는 고개를 숙였다.

"금융 사고만 안 쳤으면 이제 편하게 살 나이잖아요. 그런데 아직도 빚을 갚고 있어요. 결혼한 뒤로 쭉."

엄마의 입술이 바르르 떨렸다.

"어머님, 정말 속상하셨겠어요. 그래도 오늘 가족 상담의 목적은 지난 잘못을 따지려는 게 아니라, 각자 마음에 담아 둔 응어리를 터놓는 것이랍니다. 다른 분들 얘기도 한번 들어 보면 좋겠네요. 아버님도 말씀해 보시겠어요?"

상담사가 차분한 어조로 엄마를 진정시켰다.

"뿌연 안개 속을 헤매는 기분이었어요. 사실대로 말하면 아내는 화낼 거고, 집안은 또 시끄러울 거고, 아들도 스트레스받을 거고. 빚을 숨기고 복권에 당첨되는 게 최선이었어요."

아빠가 풀린 눈으로 웅얼거렸다.

"그러셨군요. 아드님은 어떠셨나요? 외동아들이라 혼자 많이 힘드셨을 텐데."

상담사의 질문에 나는 아무 말도 할 수 없었다. 머리가 어지럽고 등에서 땀이 났다. 입을 열려고 할 때마다 가슴 밑에서 계속 뭔가가 복받쳐 올라왔다. 나는 그것이 올라올 수 없도록 목을 꽉 쥐어짰다. 호흡이 파르르 떨렸다. 엄마는 휴지로 눈을 두드렸고, 아빠는 고개를 돌려 뺨을 닦았다. 결국 그것이 내 눈시울에서도 뚝뚝 떨어져 나와 버렸다. 상담실은 눈물바다가 되었다.

"아드님이 자라면서 그동안 많이 힘드셨나 봅니다. 두 분이 말씀해 주시겠어요? 무엇이 아드님을 가장 아프게 했다고 생각하세요?"

"아들이 유년기에 참 힘들었어요."

엄마가 먼저 말했다.

"한참 부모 품과 살 내음이 고플 때 저희가 맞벌이로 엄청 바빴거든요. 그래서 거의 아들 혼자 늦게까지 보육 시설에 남았어요. 힘든 건 힘들다고 말해도 될 텐데, 저희 앞에선 언제나 밝았어요."

상담사는 엄마의 말을 주의 깊게 들었다.

"한번은 예정보다 보육 시설에 늦게 도착한 적이 있어요. 애가 혼자 벌벌 떨면서 자고 있더라고요. 저한테 업히면서 옷자락을 얼마나 꽉 쥐던지."

아빠가 말했다.

"아직도 아들 마음속에 곪은 상처가 있는 것 같아요. 어릴 때 얘기만 나오면 갑자기 말이 없어지고 얼굴이 어두워지거든요."

엄마가 말했다.

두 사람의 얘기를 듣는 동안 오래된 사진첩을 보듯 어린 시절이 선명하게 떠올랐다.

'또 몰래 엄마한테 전화한 거야? 원장실에는 들어가지 말라고 했잖아.'

'아들, 오늘도 회식이라 늦을 것 같아. 엄마 납치 안 당

하니까 걱정하지 말고 먼저 자.'

　'원철아, 눈물 뚝. 곧 오실 거야. 부모님이 왜 너를 버리겠니?'

　'이게 도대체 몇 번째 빚이야, 이 사이코 자식아!'
　'소리 좀 지르지 마! 왜 자꾸 애 앞에서 나만 나쁜 놈으로 만들어?'
　'너만 힘들어? 지금이 술 처먹고 있을 때야?'
　'나 힘들어. 한 번이라도 좀 감싸 주면 안 돼?'

　상담이 끝나고 집으로 돌아가는 차 안은 매우 조용했다. 나는 뒷좌석에 앉아 상담사의 마지막 말을 계속 곱씹었다.

　'원철 씨, 어린 시절 부모와 맺은 관계는 한 사람의 성장에 상당한 영향을 미친답니다. 물론 그 영향은 긍정적인 면도 부정적인 면도 있어요. 아직은 잘 모를 수 있지만, 분명 원철 씨도 어떠한 영향을 받았을 겁니다. 다음번엔 원철 씨 이야기도 기대하겠습니다.'

　좁은 도로를 빠져나올 즈음 저 멀리 3인 가족이 보였다. 서로를 바라보는 부부와 그 사이에서 부모의 손을 꼭 잡고 있는 아이였다.

아이의 얼굴에는 해맑은 웃음이 가득했다. 나는 고개를
돌려 점점 멀어지는 그 가족을 마지막까지 눈에 담았다. 그
리고 연이에게 한 번 더 문자를 보냈다. 답장은 오지 않
았지만.

26

한 주가 흘렀다. 나는 처음으로 상담실에서 속마음을
끄집어냈다.

"부모에게 언제 버려질지 모른다는 생각이 제가 다섯
살 때 했던 생각의 전부였어요."

목소리가 떨리더니 다시 숨통이 막혔다. 몇 분이 지나서
야 겨우 다시 말을 꺼낼 수 있었다.

"계속 얘기하셔도 돼요."

상담사는 휴지를 건네며 대화를 이어 갔다. 주제는 유년
기의 외로움, 힘들었던 가정 형편, 부모님의 싸움으로 옮
겨 갔다. 빚더미에 허덕이는 부모를 훔쳐본 일부터 부모
에게 짐이 되지 않고자 공부에만 충실했던 일까지. 나는

심호흡하며 아픈 기억을 상담사에게 빠짐없이 터놓았다. 부모님은 내내 붉어지는 눈시울을 감추지 못했다.

"유치원까진 부모님이 안 계셔서 힘들었다면, 초등학생부턴 부모님이 계셔서 더 괴로웠군요. 어린 나이에 홀로 감당하느라 많이 힘드셨겠어요."

상담사의 위로를 들으며 나는 소매로 눈가를 닦았다. 속마음을 전부 토해 내니 그간 마음을 짓누르던 납덩이가 조금은 녹아 없어지는 듯했다.

"부모님의 기대에 맞춰 살아가는 게 때로 버겁고 부담됐을 텐데 어떠셨어요?"

다시 상담사가 물었다.

"그럴 땐 선생님이나 친구들에게서 힘을 얻었어요. 초등학생 땐 학교에만 가도 세상 모든 게 제 것 같았거든요."

"선생님과 친구들이 원철 씨를 많이 좋아했나 보죠?"

"거의 제 세상이나 다름없었어요. 어머니의 권유로 시작했지만, 열 살에 학급 반장이 되고 나서 계속 학교에서 주목받았거든요."

"조금 더 말해 주시겠어요?"

"선생님들은 제가 공부도 운동도 잘한다며 늘 칭찬했고, 친구들은 제가 무슨 말만 하면 까르륵 넘어갔어요. 학교

형들과 동생들까지 모두 저와 같이 놀고 싶어 했죠. 그 덕에 5~6학년 땐 전교 부회장과 전교 회장까지 되었고요. 중학생과 고등학생 때도 반장을 했어요. 어떤 무리에 있든지 늘 중심에 있었죠."

"집 안에서 충분히 느끼지 못한 안전과 소속감을 밖에서라도 충족해서 다행이네요. 주변에서 인정도 어느 정도 받으신 것 같고요."

상담사가 고개를 끄덕이며 말했다.

"맞아요. 학교에서 사랑받고 인정받으면서부터 뭔가 더 안정되고 충만한 기분이 들었어요. 그래서 계속 어딘가 소속될 곳을 찾고, 더 많은 인정을 갈구했던 것 같아요. 안 그러면 뭔가 불안하고 두려웠으니까요. 마치 어릴 때 혼자 부모님을 기다리던 때처럼요."

순간 부모님이 원망스러웠다. 굳이 내가 이렇게까지 애쓰며 살아야 했나? 애초에 그들이 따뜻하고 평화로운 보금자리를 만들어 줬다면 그 보호 아래 밝고 즐거운 세상에서 큰 근심 없이 자랄 수 있었을 것 아닌가. 나는 주먹을 불끈 쥐었다. 그때 부모님이 내 주먹을 살포시 감쌌다. 겨울철 난로를 쬘 때 느끼던 온기였다. 하지만 달갑진 않앉다. 내 학교 성적과 바른 행실에 집착했던 엄마, 가정 불화의 근원이었던 아빠. 두 사람을 보니 애처로우면서도 화가 났다. 여러 복잡한 심경이 소용돌이쳐, 나는 홱 손을 빼 버렸다.

27

남은 상담 동안 우리 가족은 서로의 장점을 찾아 말하고 가족 간에 지킬 약속을 만들었다. 그리고 상담이 끝난 날엔 같이 저녁을 먹으며 간단한 안부를 주고받았다. 물론 마음의 상흔은 쉽게 아물지 않았다. 그럼에도 계속 대화를 시도했다. 마음속에 쌓인 원망과 오해는 서서히 사그라들었고, 우리 가족은 다시 손을 맞잡았다. 어느덧 10주간의 상담이 끝났다. 상담사와 마지막 소회를 나눴다.

"아버님, 이제 같은 실수 되풀이하지 않으실 거죠?"
상담사의 말에 아빠는 전보다 편안해진 얼굴로 고개를 끄덕였다.
"어머님, 가족을 이끌어 가는 모습이 정말 멋져요. 저도 본받고 싶네요."

엄마도 시원하게 웃었다.

"원철 씨도 용기 내 줘서 고마워요. 임용고시 준비도 파이팅입니다. 분명 학생들에게 빛을 주는 선생님이 되실 거예요."

24년간 부모님과 함께한 크고 작은 추억이 파노라마처럼 지나갔다. 웃통을 올리고 장난스레 걸어가는 아빠를 보며 킥킥대던 기억, 대화하다 뜬금없이 웃음을 터트린 엄마를 보며 배꼽을 부여잡던 기억, 진심을 터놓고 서로 눈물짓던 기억까지. 가족의 평화를 지키기 위해 애쓴 지난 한 달간의 시간도 오래도록 기억에 남을 것 같았다. 상담사에게 감사를 표한 뒤 상담실을 나서려는 그때, 상담사가 나를 부르더니 책 한 권을 줬다. 『사랑의 기술』이란 책이었다.

"연이라는 그분과 앞으로도 계속 함께하고 싶다고 하셨죠? 한번 읽어 보세요."

저녁 무렵 침대에 누워 책을 펼쳤다. 한 문장이 내 시선을 끌었다.

"그러나 사랑에 대해 배워야 할 것이 있다고 생각하는

사람은 거의 없다."

　이 문장을 계속 되뇌면서 머릿속으로 연이와의 일을 떠올렸다. 그리고 다음 날 처음으로 연이에게 전화를 걸었다. 두 달 만이었다. 하지만 목소리는 들을 수 없었다. 마지막이라는 생각으로 연이에게 음성 메시지를 남겼다.

　"연아, 나는 사랑을 잘하고 있다고 생각했어. 그런데 아니었어…."

　28

　이틀 뒤 우리는 대학 외곽에 있는 이탈리안 레스토랑에서 만났다. 우리가 처음 함께 식사했던 그날처럼 하늘은 맑고 나무는 푸르렀다. 하고 싶은 말이 많았지만 잠시 연이를 바라봤다. 학과 단합대회에서 처음 인사를 나눴을 때처럼 여전히 단정하고 차분한 분위기를 풍기고 있었다. 몇 분이 흐르고 내가 먼저 얘기를 꺼냈다.

　"모든 게 내 조급한 마음에서 비롯되었을지도 모른다는 생각이 들었어."

태양 빛에 반짝이는 연이의 귀걸이를 보며 말을 이었다.

"너는 아직 마음을 완전히 열지 않았는데, 무작정 마음을 비집고 들어가려는 내가 부담스러웠을 것 같아. 너에게 줘야 하는 건 꽃이나 선물이 아니라, 여유와 기다림이었을 텐데. 그동안 내가 너를 참 힘들게 했다는 생각이 들었어."

연이가 입을 열었다.

"우리는 처음부터 많이 달랐어요. 편안함과 여유에서 행복을 느끼는 저와 달리, 선배는 배움과 성장에서 즐거움을 느꼈어요. 아직 1학년인데 자꾸 구속하고 눈치를 주니 답답했어요. 의견이 다를 때마다 선배는 자꾸 저를 가르치려고 했어요. 저는 선배가 사려 깊은 사람이라 생각했는데, 그럴 때면 무시당하는 기분이 들었어요. 최근에도 마찬가지고요. 다투고 나면 저는 생각할 시간이 필요한데, 선배는 대충 상황을 얼버무리고 곧바로 화해하려고 달려들었죠."

그토록 낯설고 먼 느낌. 사귀는 1년 동안 나는 한 번도 연이의 입장에 서 보지 않았다. 나의 관심은 오로지 연이의 마음을 얻는 것이었다. 그저 사랑과 인정을 얻길 바라고,

이를 통해 내 안의 텅 빈 무언가를 채우려고 했을 뿐이다. 눈물이 뚝뚝 떨어졌다. 테이블에 시선을 두고 말했다.

"너를 빼앗길까 봐 그랬어. 너를 잃을까 봐 무서웠어. 버림받을까 봐. 나보다 매력적인 남자들을 볼 때마다 네가 떠날 것 같았어. 그래서 계속 마음을 확인하려 했나 봐. 미안해, 멋대로 강요해서."

우리는 한 시간가량 더 대화를 나눴고, 나는 헤어지기 전에 한 번 더 기회를 줄 수 있느냐고 물었다.

연이는 대답 대신 영수증 뒷장에 글귀를 적었다.

내가 하는 일을 이해하고, 존중하며,
사랑해 주는 이를 만나면
그의 손안에 나의 전부를 내어 맡길 수 있음은
그가 내게 자유를 주는 까닭입니다.
__메리 엘리자베스 해스켈

29

시험을 몇 번 치고 나니 어느새 4학년 졸업반이 되었다. 오후 2시 51분 48초. 수업이 끝나자마자 도서관으로 빠르게 걸어갔다. 발을 내디딜 때마다 해야 할 공부가 떠올랐다. 연이는 도서관 입구에서 나를 기다리고 있었다. 우리는 새끼손가락을 건 채 도서관 계단을 올라갔다. 자리를 잡고 공부한 지 한 시간쯤 지났을 때 연이가 쪽지를 슬쩍 내밀었다.

 '나 말고 오빠랑 비슷한 성향의 여자를 만나고 싶던 적 없어?'

 나는 연이를 힐끗 본 뒤 웃음을 참으며 답글을 적었다.
 '딱히? 너 덕분에 웃음이 늘고 부드러워졌다는 얘기를 많이 들어. 너를 만나지 않았더라면, 난 더 딱딱하고 여유 없는 사람이 되었을 거야.'

 그 밑에 다시 질문이 달렸다.
 '그러면 그런대로 또 오빠는 잘 사귀었을 것 같은데?'
 '아니야. 딱 한 번만 연애하고 싶었는데 너를 만나서 참 행운이라고 생각해. 고마워.'
 '나도 고마워. 오빠 아니었으면 이렇게까지 연애할 수 없었을 거야.'
 연이는 펜을 내려놓고 병아리처럼 통통 다가와 살며시

새끼손가락을 걸었다. 몇 개월간 우리의 연애는 이런 식이었다. 평일에는 도서관에서 공부한 뒤 밤에 잠깐 산책하고, 토요일에는 같이 점심을 먹고 카페에서 공부했다. 연이는 나의 힘이었다.

가을바람이 등골을 서늘하게 문지르는 9월, 나는 연이의 배려로 오로지 공부에만 전념했다. 매일 연이와 도란도란 얘기를 나누며 킥킥거리고 싶었으나, 앞으로 안정적인 연애를 이어 가려면 빨리 시험에 합격해야 했다. 게다가 임용고시는 사회에서 내 능력을 입증하기 위한 중요한 관문이기도 했다. 어찌 보면 25년 평생을 이 좁은 문을 통과하기 위해 달린 것이니까.

그래도 3학년부터 공부한 덕에 아슬아슬했지만 1차 시험에 통과했고, 2차 시험도 무리 없이 치렀다. 드디어, 내일 최종 합격자 발표다. 이제 세상에 나란 사람을 한껏 보여 줄 일만 남았다.

피할 수 없는 관문

30

'최종 합격자 명단에 없습니다.'

15분간 모니터에서 눈을 뗄 수 없었다. 눈을 비비고 다시 화면을 봤다.

'최종 합격자 명단에 없습니다.'

'거짓말. 채점이 잘못된 게 분명해.'

나는 강박증이 도진 사람처럼 5분마다 '불합격'을 확인했다. 하지만 결과는 달라지지 않았다. 도대체 왜 떨어진 걸까? 시험 문제가 이상했나? 면접관이 내 진가를 알아보지 못했나? 그래, 2차 시험 때 컨디션이 좋지 않았던 것 같다. 아니면 단지 운 때문인지도.

연이에게 불합격 소식을 전하려니 차마 입이 떨어지지 않았다. 단번에 합격해서 멋진 남자친구의 모습을 보여 주고 싶었는데. 졸업식에서도 박수받으며 떠나고 싶었는데. 세상은 나의 쓸모를 인정해 주지 않았다.

부모님이 출근한 아침, 나는 홀로 베란다 창살에 머리를 처박은 채 찬 바람을 쐬었다. 세 번째 알람음이 울렸다. 연이의 메시지였다.

'오빠, 괜찮은 거 맞지? 아침부터 연락이 없어서 보내. 기다릴게.'

한숨밖에 나오지 않았다. 2시간 뒤 카페에서 만난 연이는 최선을 다해 나를 토닥였다.

"악착같이 준비했는데 아깝다. 오빠만큼 열심히 한 사람도 없었는데."

"어쩌겠어? 다시 공부해야지."

나는 마음에도 없는 소리를 하며 계속 위로를 흘려들었다.

"나 이제 4학년이니까 같이 힘내면 되겠다. 함께 극복하라는 하늘의 계시인지도 몰라."

연이는 다음 시험엔 분명 합격할 거라며 두 팔 벌려 나를 안았다. 위로한다고 금방 위로가 되는 것은 아니었지만, 연이를 보니 다시 일어설 힘이 생기는 것도 같았다. 연이를 바래다준 뒤 집으로 돌아와 동네 독서실 쪽을 내려다봤다.

대학교 2학년 겨울방학부터 뛰어든 고시생 생활, 매일 아침 전공 교재를 붙잡고 형광펜을 그었다. 수업 사이사이 인터넷 강의를 요약했고, 광용이와 태한이의 부름도 외면한 채 밤 10시까지 독서실에서 공부했다. 학점 관리와 봉사를 병행하며 수어 중급반도 수료했다. 짬짬이 영어 회화 실력도 키워 필리핀 교육 봉사에서 '최우수 학생상'까지 받았다. 그 모든 노력의 결과가 이 꼴이라니. 하늘에는 먹구름이 깔렸고, 내 마음엔 폭우가 내렸다.

그날 저녁 아주 오랜만에 영감님에게 이메일을 보냈다.

[북극성이 부서졌습니다. 세상은 저를 인정하고 싶지 않나 봅니다.]

심성의 편지 3

그런 별은 없다

캄캄한 먼지 폭풍 속에서
뒹굴지 않은 별을 본 적 있는가

그런 별은 없다

창백한 은하 위에서
정신없이 짓눌리고
정처 없이 흔들리면서도

제 안에 불꽃 봉오리를 터트리는
작은 별들의 춤사위는 얼마나 아름다운가

모든 환한 점은 그렇게 자신만의 빛을 낳는 법이다

저 별들이 그랬고
당신도 그럴 것이다.

2018년 2월 25일
심성

31

불합격의 충격으로 주저앉아 있을 때 나를 일어서게 한 두 가지가 있다. 하나는 영감님이 보내 준 자작시였고, 다른 하나는 연이가 찾아 준 합격 수기였다.

〈2018학년도 중등 임용고시 합격자 박○○(교과: 특수)〉

★★★ 가장 중요한 것: 겸손, 믿음, 의연

1. 공부 기간: 3년 올인/ 온라인 강의/ 혼자

2. 공부 시간: 3~8월(하루 순수 5~6시간) / 9~11월(8~10시간)

3. 월별 공부 방법

(중략)

8. 그 밖에 드리고 싶은 말씀

학령 인구가 줄면서 각 교육청의 신규교사 임용도 크게 줄고 있습니다. 그야말로 '임용 절벽'입니다. 물론 임용고시는 사회에 나의 쓸모를 입증해 교사로 인정받는 일이지만, 시험을 준비하고 합격하는 과정에서 새로운 한 가지를 배웠습니다. 그것은 저도 뭔가를 해낼 수 있는 사람이라는 사실입니다. 여러분에게도 임용고시가 자기 자신을 인정하는 계기가 되었으면 좋겠습니다. 늘 건강하세요. 감사합니다.

며칠에 걸쳐 나 스스로 긴 위로를 건넸다.

"대학교 4학년까지 공부하느라 애썼네."

"결과는 아쉽지만, 그래도 시험을 준비하면서 교사가 천직이라고 느꼈잖아."

"더 잘할 수 있었겠지만, 최선의 시간을 보낸 거야."

"잘했어. 아직 끝난 게 아니야."

물론 현실을 생각하면 여전히 한숨만 나왔다. 누군가를 붙잡고 버럭 따지고도 싶었다. 하지만 남북전쟁이나 IMF 외환 위기처럼 결국 한 세대가 넘어야 할 피할 수 없는 과업으로 받아들여야만 했다. 잠시나마 환경과 시대 탓으로 돌릴 순 있겠지만, 지금 이 순간은 돌아오지 않고 인생은 정말로 짧으니까.

일주일 뒤 나는 불합격을 인정하고 시험에 재도전할 수 있는 것에 감사하기로 했다.

그런 내 마음을 눈치챈 걸까? 그날 저녁 아빠가 방문을 조심스레 열고 들어와 내 옆에 누웠다.

"지나고 보니 나 자신에게 창피하지 않은 삶이 제일이더라. 넌 늘 내게 부끄럽지 않은 아들이었어. 고맙다."

32

"그래, 어쩌겠어? 해내야지. 다시 도전해 보자."

한 달간의 쉼을 뒤로하고 다시 좁은 독서실 칸에 틀어박혔다. 매일 아침 공부하기 전에 보라색 노트를 펼쳐 소리 내어 읽었다.

〈나의 별은 '연이'와 '사회의 인정'이다〉
〈2019학년도 임용고시 수석 합격을 위해 해야 할 것〉
"운이나 컨디션 따위에 영향받지 않을 만큼 압도적인 실력으로 합격하자!"

√ 오전 6시 기상 & 독서실 이동 준비
√ 오전 7시 교육학 마인드맵 그리기
√ 오전 10시 특수교육학 암기
   (※ 한 글자도 틀리지 않게 문장 통째로)
√ 오후 12시 점심 식사
√ 오후 1시 30분 법, 교육과정 빈칸 채우기
√ 오후 2시 특수교육학 암기(적고, 보고, 말하기)
√ 오후 4시 헬스
√ 오후 5시 저녁 식사
√ 오후 6시 30분 못 외운 내용 다시 점검
√ 오후 10시 귀가

혼자 공부하고, 혼자 밥을 먹고, 혼자 집으로 돌아가는 밤은 힘들고 버거웠다. 하지만 누구나 살면서 홀로 감내해야 할 때가 있기에 모든 밤을 혼자서 뚜벅뚜벅 걸었다.

물론 노력이 모든 것을 해결해 주진 않았다. 노력한 것보다 적게 얻고, 노력하지 않은 것에 비해 더 많이 잃는 날도 많았다. 오르지 않는 모의시험 성적 때문에 화장실 거울을 주먹으로 치고, 답안지를 찢으며, 으슥한 구석에서 눈물을 떨구기도 했다.

'남자 동기 중에서는 내가 제일 먼저 합격하고 싶은데….'

'서른 살 전에 합격할 수 있을까?'

'10수한 고시생도 있던데, 나도 그런 장수생이 되면 어떡하지?'

끝을 알 수 없는 까마득한 밤길을 홀로 걷는 사람의 마음은 얼마나 불안한가? 두 번째 임용 시험을 100일 앞둔 무렵, 걱정은 깊고 한숨은 길어졌다.

"노력은 절대 배신하지 않는다."

이 진부한 문구를 바보같이 거듭 외쳤다. 내가 해야 할 최선. 그것은 엉덩이의 터져 버린 종기와 연필에 짓눌린

군은살로 합격할 실력을 기르는 일뿐이었다.

　시험 볼 26개 과목을 43회째 암기했을 무렵, 마침내 두 번째 임용 시험일이 밝았다. 나는 Queen의 〈*We are the champion*〉을 들으며 성큼성큼 집을 나섰다.

　I've paid my dues Time after time
　(난 어려움을 견뎌 왔어, 몇 번이고 계속해서 벌도 받았지)
　I've had my share of sand kicked in my face
　But I've come through
　(괴로움도 당했지만 결국 버텨 냈어)

　And I need to go on and on, and on, and on
　(그리고 난 계속, 계속, 계속 나아가야 해)

33

　We are the champions
　We are the champions
　(우리는 챔피언입니다, 우리는 챔피언이에요)

No time for losers

Cause we are the champions of the world

(패배자를 위한 시간은 없어요, 우리는 세상의 챔피언이니까요)

Queen의 보컬, 프레디 머큐리의 열창이 방 안을 가득 채웠다. 나는 주먹을 하늘로 찌르며 함성을 질렀고, 모니터를 보며 제자리에서 방방 뛰었다.

'최종 합격을 진심으로 축하드립니다.'

1차 필기시험에서 8점 높게, 최종 면접과 수업 실연에서 5점 높게 합격했다. 모든 날을 씩씩하게 애써 온 나 자신이 애처롭고 대견한 까닭일까. 벅차오르는 슬픔과 기쁨이 눈물로 하염없이 쏟아져 나왔다.

"난 당연히 오빠가 합격할 줄 알았어."

"대학생 때 품은 초심으로 좋은 교사가 되길 바라네."

"이미 예상했다."

"네가 떨어지는 게 이상하지. 뭘 해도 될 사람이잖아."

연이와 영감님, 광용이와 태한이의 메시지에 마음이 뭉클해졌다. 스물일곱 살, 비로소 난 별처럼 빛나는 사람이자 세상에 쓸모를 인정받은 챔피언이 되었다.

기묘한 꿈

34

합격 공지를 보며 모니터 앞에서 풀쩍 뛴 지도 한 달이 지났다. 퇴근 후 연수까지 받느라 귀가가 늦어진 저녁, 쉴 새 없이 교실을 오르내리고 온종일 수업에 매진한 탓에 몸이 천근만근이었다. 그래도 내가 하는 일에서 최고가 될 거라는 집념으로 터덜터덜 교육청 문턱을 넘었다. 버스에 올라 보라색 노트를 펼쳤다.

'나의 별은 연이와 사회의 인정이다.'

나는 분명 나의 북극성을 지켜 냈다. 부모님은 자식 자랑하느라 바빴고, 명절에 만난 친척들은 더는 나를 어린 애처럼 취급하지 않았다. 후배들은 합격 노하우를 전수해 달라며 연락했고, 동기들은 요약 노트를 물려받기 위해 자기들끼리 엎치락뒤치락했다. 직장에서도 스물일곱 살에 취업에 성공한 번듯한 젊은이로 대접받았다.

그런데 이상했다. 여태껏 온통 특수교사, 특수교사, 특수교사를 향해 달려왔고 그 목표를 이루었는데, 휴대폰 화면 속 내 눈빛엔 독이 올라 있고 표정은 싸늘했다. 취업만 하면 매일이 행복할 줄 알았건만. 밤이고 주말이고 일에 매진할수록 점점 죽어 가는 기분이 들었다. 모르겠다. 왜 요즘 따라 이런 낯선 목소리들이 계속 내 심장 언저리에 꽂히는지.

'그냥 이렇게 살다가 퇴직하려고?'
'이대로 계속 달려도 괜찮겠어?'
'도대체 뭘 하고 있는 거야?'
'이게 정말 네가 원했던 삶 맞아?'

35

굉장히 기묘한 꿈이었다.

꿈속에서 늦은 밤 아파트 거리를 걷고 있었다. 집으로 돌아가는 길이었다. 아파트는 정전이라도 난 듯 새까맸다. 아무리 새벽이라도 불 켜진 집이 몇 군데 보이곤 하는데, 어찌 된 일인지 모든 집이 쥐 죽은 듯 조용했다. 길거리에도 사람은커녕 개미 새끼 한 마리 보이지 않았다.

진짜 우리 동네가 맞는지 주변을 둘러보며 걷는데 신발 끈이 풀려 쪼그려 앉아 다시 묶었다. 그런데 이상하게도 몇 번을 묶어도 신발 끈이 계속 풀렸다.

'집 앞인데 그냥 가야겠다' 하고 고개를 드는데, 저 멀리 맞은편에 거뭇한 무언가가 서 있었다.

'저게 뭐지?'

좀 더 주의 깊게 보려고 눈을 가늘게 떴다. 사람인 것 같은데 확실하진 않았다. 고동치는 심장을 부여잡으며 그것과 서서히 가까워졌다. 300m, 200m…. 얼굴이 허연 남자였다. 잘 보이진 않지만, 아주 큰 눈으로 나를 쳐다보고 있다는 것만은 분명했다. 마치 나를 기다리는 것처럼 빤히 쳐다보는데, 순간 닭살이 돋아 반대편 인도로 재빨리 넘어갔다.

100m…. 아파트 입구와 가까워질수록 더 빨리 발을 움직였다. 남자는 여전히 목석처럼 서서 나를 응시하며 웃고 있었다.

'휴, 다 왔다. 이제 여기만 돌면….'

짧은 숨을 내쉬며 입구 모퉁이를 돌아서는 바로 그 순간,

갑자기 남자가 나를 향해 달려들었다. 나는 깜짝 놀라 뒤도 보지 않고 질주해 야외 주차장과 필로티를 지나 가까스로 엘리베이터에 올라탔다. 남자도 뒤따라 출입문을 통과했지만, 간발의 차로 엘리베이터 문이 닫혔다. 남자는 섬뜩한 눈으로 나를 쳐다보며 알 수 없는 미소를 지었다.

눈앞이 깜깜해지며 꿈에서 깼다. 군대에서 딱 한 번 가위에 눌린 이후 악몽은 고사하고 꿈조차 잘 꾸지 않았는데, 이상한 일이었다.

그로부터 사흘 동안 꿈에서 웃는 남자를 만났다. 전기톱이나 큰 가위 등 그가 손에 든 것만 달라질 뿐 나를 뒤쫓는 것은 매한가지였다. 처음엔 그저 꺼림칙한 개꿈이려니 했지만, 일주일간 같은 악몽에 시달리니 관자놀이가 깨질 듯이 아팠다. 몸에 열이 들끓었고 허벅지와 종아리에도 근육통이 느껴졌다. 여름인데도 몸을 달달 떨어 주변 선생님들마저 내 상태를 걱정할 정도였다.

"김원철 선생님, 성실한 모습 보기 좋아요. 그런데 몸도 생각해요. 요즘 많이 지쳐 보여요."

늦은 퇴근길, 이날도 몸을 질질 끌고 집에 와 침대에 맥

없이 쓰러졌다. 그리고 해부실에 누워 있는 기분으로 가쁜 숨을 헐떡거리다가 그대로 잠들었다.

'오늘도….'

꿈속에서 역시나 허연 남자가 기분 나쁘게 웃고 있었다. 이번에는 손에 망치를 들고 있었다. 나는 빨리 끝내고 싶은 마음으로 아파트 입구 쪽으로 서둘러 걸었다. 그리고 모퉁이를 돌자마자 뛰었다. 역시나 남자도 나를 쫓았다. 주차장을 지나 필로티로 들어섰다. 그런데 이번 꿈은 달랐다.

단 몇 초 만에 빠져나왔어야 할 통로에 출구가 보이지 않았다. 아무리 빨리 움직이려 해도 발이 진흙탕 위를 달리듯 푹푹 빠졌고, 누군가 발목을 잡아끄는 것처럼 무거웠다. 칠흑 같은 터널 속에서 발소리가 점점 더 크게 울렸다. 무슨 이유인지 목이 조여 왔다.

"이건 꿈이다! 이건 꿈이다! 이건 꿈이라고!"

나는 다급하게 외쳤다.

그때 멀리서 미세한 불빛이 보였다. 서늘한 철 같은 게 목덜미를 스치면서 겨우 터널을 빠져나왔고, 곧장 엘리베이터 앞까지 달렸다. 엘리베이터는 3층에 있었다. 다급하게 버튼을 눌렀지만 꿈쩍도 하지 않았다. 남자는 눈앞까지 왔고, 나는 계단을 두세 칸씩 뛰어올랐다. 2층, 3층, 4층, 잠시 난간 아래를 봤다. 남자는 나를 빤히 올려보며 미친 듯이 따라 올라왔다. 5층, 7층, 10층, 그리고 11층. 곧 집이었다.

마지막 계단을 오르려는 그때, 아래에서 차가운 손이 훅 튀어나와 발목을 잡아당겼다. 나는 그대로 고꾸라졌다. 고개를 들었을 땐 남자가 이미 머리맡에서 나를 내려보며 웃고 있었다. 그는 내 위에 있는 뭔가를 확 낚아챘고, 철렁거리는 소리와 함께 내 목이 휙 딸려 올라갔다. 숨통이 캑캑 막혔다. 쇠사슬이었다. 어떻게든 빠져나오려고 발버둥칠수록 남자는 더 강하게 목을 졸랐다. 그러면서 쉬지 않고 입을 벙긋거렸는데, 쇠사슬 철렁이는 소리 때문에 뭐라고 하는지 알아들을 수 없었다. 남자는 말을 멈췄고, 곧 팔뚝만 한 쇠망치를 들었다.

온몸에 힘이 풀린 바로 그때, 시퍼런 달빛이 남자의 얼굴을 아주 잠깐 비췄다. 그의 온전한 이목구비를 확인한 순간, 목이 끊어지는 느낌과 함께 눈앞이 흐릿해졌다.

침대에서 벌떡 일어난 나는 경악을 금치 못했다. 찰나의 순간에 봤던 그 여위고 홀쭉한 얼굴.

　그것은, 내 얼굴이었다.

36

　그날 이후, 신기하게도 더는 악몽을 꾸지 않았다. 그러나 목을 조이는 감촉은 쉬이 사라지지 않았다. 큰 눈으로 섬뜩하게 웃던 남자의, 아니 내 얼굴은 더욱이 머릿속에서 지워지지 않았다. 특히 주변 선생님들 목에 쇠사슬이 채워진 환각을 볼 때면, 좁은 관 속에 생매장당한 사람이 느낄 법한 극심한 호흡 곤란을 겪어야 했다. 가장 끔찍한 것은 그런 나를 화장실 거울 속에서 쳐다보는 꿈속 남자의 서늘한 인상이었다.

　그럼에도 나는 에너지 드링크를 마셔 가며 시키지도 않은 야근을 도맡아 했다. 임용 동기들보다 뒤처지는 듯한 생각이 들면 잠이 오지 않았고, 하루빨리 훌륭한 교사로 대접받고 싶었다.

　"너무 열심히 일하지 마요. 비교된단 말이에요."

"역시, 내가 사람 보는 눈이 있다니까."

"요즘 교장, 교감 선생님이 원철 쌤 잘 보고 있는 거 알죠? 부장들 사이에서도 평이 좋아요."

잘하고 싶은 마음이 티가 났는지 선배 교사들은 휴식도 마다하고 일에 열중하는 나를 기특하게 봐 주었다. 다들 나를 좋게 보는 것 같아 기분이 좋았다. 학교 안에서 중요한 사람으로 인정받은 느낌이었다. 하지만 몸은 날로 쇠약해졌다. 연이는 내 안색이 안 좋다며 비타민을 챙겨 줬고, 한 번은 코피가 펑 터져 부모님도 보약 한 첩을 지어 주셨다. 그러나 상태는 전혀 나아지지 않았다. 뉴스에서는 심각한 소식을 연일 보도했다.

"한 달 남짓한 기간 동안 전국에서 교사 다섯 명이 연달아 숨지는 일이 발생해 애도의 물결이 이어지고 있습니다. ○○병원 실태조사에 따르면 교사 38.9%가 심한 우울 증상을 겪고 있으며, 17.4%가 죽음을 생각해 본 적 있는 것으로 조사됐습니다."

메타세쿼이아 숲

여름 방학이 시작되고 이튿날, 방학에도 일을 놓지 못하던 나는 결국 연이에게 붙잡혀 자연휴양림에 끌려왔다. 연이는 망가질 대로 망가진 내 심신을 회복해야 한다고 거듭 강조했다.

전날 밤 보슬비가 내린 까닭일까. 숲 입구에서부터 백일홍 내음이 코를 간질였다. 우리는 모든 향기를 하나하나 음미하며 메타세쿼이아 숲으로 들어갔다. 한 손으로 서로의 손을 잡고, 다른 한 손으론 풀잎의 머리칼을 쓸어 넘기며 냇물과 같은 속도로 걸었다. 가끔 몇백 년 묵은 고목이 나타나면, 잠시 멈춰 그것을 안아 보기도 했다. 그럴 때면 초목의 푸른 박동이 손끝을 타고 전해졌는데, 마치 숲 전체가 가슴 안으로 스며드는 듯 시원한 기분이 들었다.

"나 잘 따라왔지?"

연이는 높다란 나무 사이로 조각조각 깨지는 햇살, 바람에 손수건처럼 나부끼는 나뭇잎, 고개를 갸우뚱거리는 다람쥐를 보며 입꼬리를 올렸다. 편백 둘레길을 걷는 것만으로 머리가 한결 가벼워졌다. 한참을 걸어 우리는 여름 호수가 내려다보이는 빛바랜 나무 정자에 이르렀다.

"오빠, 여기서 잠깐 쉴까?"

물 한 모금을 마신 뒤 연이와 만세 자세로 누웠다. 솜사탕 같은 하얀 구름이 바다보다 새파란 하늘 위를 천천히 흘러갔다. 산들바람이 허벅지를 타고 부드럽게 몸을 감쌌다.

"오빠, 여기 진짜 좋지?"

"그러게. 이런 기분으로 살아야 하는데. 네 말처럼 내가 너무 앞만 보고 살았나?"

잠시 눈을 감고 바람이 지나가는 소리를 듣는데 어디선가 부드러운 클래식 선율이 흘러나왔다. 지나가는 어르신의 라디오에서 나오는 소리였다. 음악은 성우의 나지막한 목소리로 이어졌다.

"우리는 무엇에 그리도 쫓기는 걸까요? 잠시 멈추어 돌아보면, 세상은 이리도 아름다운 것으로 가득하거늘."

맞는 말이었다. 연이와 나는 거의 동시에 고개를 돌려 서로의 눈을 읽었다. 그 순간 풀숲에서 뭔가가 후두둑 튀어나왔다. 우리는 깜짝 놀라 벌떡 일어났다. 손목만 한 뱀이 혀를 날름거리며 우리를 노려보고 있었다. 연이는 내 뒤로 바짝 숨었고, 나도 식은땀을 흘리며 긴 나무 작대기를 집어 뱀에게 겨눴다. 이 모습을 본 어르신이 라디오를 끄고 너털웃음을 지었다.

"허허허. 독은 없으니 긴장 푸시게. 그냥 능구렁이라네."

우리는 미소 짓는 노인을 멀뚱멀뚱 쳐다봤다.

"젊어서 잘 모르는 건가? 붉은 바탕에 검은 점이 있지 않나. 능구렁이는 예로부터 풍요와 다산을 상징했다네. 나 어렸을 땐 구렁이가 집에 있으면 오히려 주인처럼 받들라고 배웠지. 솔숲에 사는 흰 뱀이 마을로 행운을 가져온다는 전설도 있었어. 겉모습은 흉측해 보여도 우리에게 뜻밖의 선물을 전하러 온다고 말이야. 그러니 내버려 두게. 혹시 아는가? 자네들에게도 어떤 좋은 일이 일어날지. 아니면 다산하려나? 허허허."

어르신의 말이 끝나기 무섭게 뱀은 고개를 푹 숙이더니 정자 밑으로 기어들어 갔다. 어르신도 언제 말했냐는 듯 라디오를 켜고 발걸음을 옮겼다. 정자에는 다시 평화가 찾아왔고, 우리는 잔잔한 호수를 보며 준비해 간 에그마요샌드위치를 먹었다. 잠시 뒤 어디선가 왜가리 한 마리가 날아와 수면에 내려앉더니 긴 목을 낮게 숙여 물속에 처박았다. 잔물결이 동심원을 그리며 사라졌다. 몇 초 후 왜가리가 다시 물 밖으로 부리를 솟구쳤다.

"어, 잡았다!"

연이는 무릎에 괸 턱을 떼고 아이처럼 손뼉을 쳤다. 물고기는 왜가리의 목구멍에 머리가 걸린 채 꼬리를 팔딱거렸다.

"와, 저렇게 큰 물고기를 한입에…. 신기하다, 그치?"

"나도 저렇게 발버둥 쳤어."

"저 왜가리처럼?"

연이가 눈썹을 찡그리며 되물었다.

"아니, 물고기 말이야. 꿈에서 어떤 남자에게 잡혔을 때 저렇게 안간힘을 썼다고."

나는 나지막이 속삭였다.

"그때 말한 악몽? 요즘도 꾸는 거야?"

"그건 아닌데, 아까 뱀을 본 뒤로 계속 생각나네? 꼭 꿈에서 묶였던 쇠사슬 같아서. 꿈이었는데 현실처럼 숨이 콱 막혔어."

연이는 목을 매만지는 내게 꼭 붙어 물었다.

"그러고 보니 목을 조르는 남자 얼굴이 오빠랑 똑같았다고 했지?"

"응. 안 그래도 숨이 막혔는데 손으로 졸리니 목이 끊어질 것 같더라. 거기다 얼굴까지 바짝 대고 뭐라 중얼거렸어. 마지막에 쇠망치까지 드는데 진짜 심장 멎는 줄 알았어."

연이는 잠시 뜸을 들이더니 내 눈을 정면으로 보며 물었다.

"근데 정말 목이 졸렸던 것 맞아?"

"당연하지. 왜?"

"혹시 오빠의 목을 조이려 했던 게 아니라, 쇠사슬을 벗겨 주려고 했던 거 아닐까? 아까 할아버지도 그러셨잖아. 뱀은 겉보기와 다르게 행운을 가져다주는 존재라고…. 어쩌면 꿈속에서 만난 그 남자도 마찬가지 아닐까?"

"그럼 쇠망치는?"

"음, 그건…. 사슬을 부수려고?"

"에이, 아니야. 내가 얼마나 아프고 힘들었는데. 침대에서 꼼짝도 못 했어."

나는 강하게 고개를 가로저었다.

"그야 오빠가 너무 죽을 둥 살 둥 일만 하니까, 건강도 좀 생각하고 푹 쉬라고 그런 걸지도 모르지. 난 그렇게 생각해. 그 남자가 정확히 무슨 말을 했는지는 몰라도, 오빠에게 꼭 필요한 진실을 알려 주고 있었던 걸지도 몰라."

"진실? 그게 뭔데?"

"나도 모르지. 똑똑한 오빠가 잘 생각해 봐. 근데 나 방금 되게 탐정 같지 않았어?"

연이가 안경을 추켜 올리는 척하며 한껏 탐정 흉내를 내는 동안 나는 연이의 말을 숙고했다. 그러는 사이 하늘은 주홍빛으로 물들고 있었다. 호수는 황금빛으로 반짝였고, 왜가리는 왝왝거리며 분홍색 구름을 향해 푸드덕 날아갔다. 우리는 서로에게 기댄 채 홍시처럼 잘 여문 석양이 산 너머로 사라져 가는 풍경을 한참 동안 바라봤다.

38

휴양림에 다녀온 뒤로 매일 동네 뒷산을 밟았다. 방학에 뭐라도 해야 할 것 같은 압박감이 여전했지만, 무성한 나무가 뿜어 내는 피톤치드를 듬뿍 마셨다. 숲은 일종의 천연 신경 안정제였다. 30분만 산책로를 거닐어도 불안정한 맥박이 차분히 가라앉았고, 가슴 구석구석에 끼인 답답함도 바람에 날아갔다. 건강을 되찾으면서 한 달 전에 꿨던 악몽을 새로운 시선으로 보게 되었다.

'꿈속의 남자가 정말 내 쇠사슬을 풀어 주려고 했을까?'

'그런데 그 쇠사슬은 뭐지?'

'그 남자는 내게 무슨 말을 하고 싶었던 걸까?'

궁금함에 인터넷에서 해몽을 검색했다. '목 졸림'과 '쇠사슬'은 그간 내가 받은 스트레스를 상징했다. 나는 확실히 무언가에 억눌려 있었다. 학기 중 뒷목이 뻐근하고 머리가 욱신거렸을 때 안정을 취해야 했음에도, 기운이 다 빠질 때까지 일을 멈출 수 없었다. 왜 그랬을까? 침대에 누워 눈을 감았다.

탕, 탕, 탕. 갑자기 옆집에서 들려오는 둔탁한 망치질 소리가 벽을 울렸다. 벽에 못을 박는지 마지막 악몽에서 들은 것과 비슷한 소리가 났다. 빌어먹을 망치 소리는 점점 더 고막을 때렸고, 나는 참다못해 벽에 대고 소리를 아악 질렀다. 하지만 망치질은 계속됐다. 베개에 머리를 파묻을수록 선명해지는 악몽을 거부하던 그때, 불현듯 영감님의 음성이 귓가에 맴돌았다.

'철학을 망치처럼 휘두른 독일 철학자가 있습니다.'

복학 후 참석한 영감님의 북토크, 철학자 니체, 푸딩처럼 흔들리던 분홍색 뇌 모형, 새빨간 책으로 뇌 모형을 작살내던 영감님의 모습이 빠르게 머리를 관통했다. 나는 벌떡 일어나 책장 가장 아래쪽에서 그의 빨간 책을 꺼냈다. 『우리 인생에 춤추는 별을 초대하려면』. 책은 먼지로 뒤덮여 있었다. 손으로 먼지를 닦아 내고 첫 장을 펼쳤다.

〈질문 3〉 원철 군의 북극성도 부숴야 할 날이 올까요?

4년 전처럼 '아니'라고 쉽게 대답할 수 없었다.
'지금이 북극성을 부숴야 할 때인가?'
나는 보라색 노트를 한참 내려다보다가 영감님에게 이메일을 보냈다.

[제목: 영감님, 제가 초심을 잃은 걸까요?]

임용시험에 합격해 훌륭한 교사가 될 거라고 다짐하던 편지가 떠오르는군. 존경받는 선생님, 그건 자네의 북극성이었지. 물론 그 역할을 잘 해내는 것은 중요하다네. 허나 애석하게도 하나의 역할이 자네의 별이 될 수는 없을 걸세. 지금 조직에서 받는 관심과 인정도 자네를 진정으로 밝힐 수는 없지. 그렇다면 지금껏 자네가 쫓고 따랐던 그 북극성을 당장 부숴야 할까? 아마도 그러기는 싫겠지? 그렇게 되면 다시 길을 잃고 어둠 속에서 방황할 것 같을 테니.

누구나 빛으로 자신을 환하게 비추길 원한다네. 어떤 사람은 눈부신 다른 존재에게 빌붙고, 반짝이는 무언가로 겉모습을 치장하지. 화려한 공간에 있는 자신을 사진 찍어 자랑하기도 하고, 빛나던 과거를 그리워하며 현재의 어둠을 외면하기도 한다네. 환하게 빛나는 척 한껏 연기하며 사람들과 자신을 속이기도 하지. 어떻게든 반짝이는 듯 보여야 사람들에게 사랑과 박수를 받을 거라 믿기 때문이야. 그래야 자신이 가치 있는 사람처럼 느껴지는 거지.

그런데 이상하다고 생각한 적 없나? 우리는 왜 꼭 밖에서 빛을 찾는 것일까?

2019년 8월 11일
심성

〈질문 4〉

한번 찬찬히 숙고해 보게. 별의 진정한 빛은 어디서 오는 걸까?

진정한 빛

39

영감님의 말마따나 교사라는 역할을 빼면 더는 나를 소개할 내용이 없었다. 만약 직장을 잃기라도 한다면, 직업으로 그럴듯하게 포장된 삶에 아무것도 남지 않을 게 분명했다.

'그러면 교사가 아닌 나는 누구지?'

'대체 나는 무엇으로 반짝일까?'

매일 밤 이런 의문으로 괴로워하며 휴대폰을 만지작거리다가 우연히 인터넷 방송에서 태섭이 형을 봤다. 〈마더스 메모리 BURGER〉라는 채널의 인터뷰 영상이었다.

"안녕하세요. 마더스 메모리 버거 대표 강태섭입니다. 저는 서울 H대 앞에 있는 본점을 포함해 서울에 매장 열 개를 운영하고 있고요. 또 마더스 F&B 프랜차이즈 사업을 준비하고 있습니다."

오랜만에 듣는 형의 목소리에 웃음이 났다. 영상 속 형은 전보다 날카로워 보였으나, 여전히 반짝이고 빛나는 사람이었다.

"스물다섯 살에 1,000만 원으로 수제 버거 사업을 시작해 지금 연 매출 10억 원을 넘기고 계시는데요. 10억, 정말 사실인가요, 대표님?"

선글라스를 낀 퉁퉁한 남자가 계속 형을 인터뷰했다. 형이 대답했다.

"네, 사실입니다. 5년간 개인 블로그에 모든 과정을 기록했어요. 연도별 매출이나 창업 이후 제 경험을 적어 뒀으니, 아래 링크에서 확인하실 수 있을 겁니다."

"역시나 철두철미하시네요. 그런데 1,000만 원으로 어떻게 사업을 시작할 수가 있죠?"

"처음에는 골목 구석에 있는 5평짜리 배달 매장으로 시작했어요. 거짓말 안 하고 몇 년 동안은 1년 365일 하루도 쉬는 날 없이 내내 일만 했던 것 같아요. 아직도 생생해요. 비가 억수처럼 내리는 날이었어요. 오토바이가 뒤집혔던 날이. 빗물로 피를 씻어 내고 절뚝거리며 배달했던 기억이 나네요."

나는 형의 다른 영상들도 차례로 봤다. 내가 교사가 되기 위해 내달린 것처럼, 형도 사업을 번창하게 일구기까지 수많은 굴곡을 헤쳐 왔다는 걸 단번에 느낄 수 있었다. 댓글에는 형을 추앙하는 말들이 가득했다. 물론 성공을 시기하는 악플도 많았다. 하지만 형은 누가 뭐라 하든 신경 쓰지 않는다고 했다. 어느 영상 말미에서 형은 이렇게 말했다.

"모든 것은 결국 자기 신뢰인 것 같아요. 내가 나 자신을 믿을 수 없다면, 누구도 나를 믿어 주지 않아요. 그러니까 남들에게 여러분의 가치를 물어보지 마세요. 사회가 여러분의 가치를 정하도록 내버려 두지도 마세요. 그냥 여러분 자신이 목표한 길로 묵묵히 걸어가세요. 여러분을 막아서는 건 전부 깨부수세요. 그 과정에서 여러분만의 가치를 발견할 수 있을 거예요."

형의 이글거리는 눈동자를 보니 내 눈에서도 덩달아 빛이 뿜어져 나오는 기분이었다. 영상 아래에는 형의 SNS 계정이 적혀 있었다. 게시물은 가게와 형이 일하는 모습으로 가득했고, 간혹 파티나 운동을 즐기는 모습도 올라왔다. 형의 취미는 주짓수인 듯했다. 보라색 벨트를 매고 시상대에서 금메달을 이빨로 깨무는 사진에는 '좋아요'가 700여 개나 달렸다.

나도 게시물에 '좋아요'를 꾹 눌렀다.
"그래, 이런 게 진짜 반짝이는 사람이지."

40

2학기 개학을 앞두고 내 앞에 두 가지 선택지가 나타났다. 하나는 교직에서 인정받기 위해 수업 연구교사를 신청하거나 대학원에서 학위를 취득하는 것이고, 나머지 하나는 교사 김원철로 바쁘게 사느라 외면한 인간 김원철을 되찾는 것이었다. 내가 의견을 구하면 관리자나 선배 교사는 대부분 이렇게 말했다.

"김 선생, 동기들은 나중에 다 교감이나 교장이 될 텐데, 혼자 평교사로 있으면 기분이 어떻겠어? 젊을 때부터 승진 가산점도 잘 챙기고, 부장 직급도 일찍 다는 게 좋아. 어디서나 떵떵거리며 살려면 말이지."

하지만 다르게 말하는 선배 교사도 일부 있었다. 수석 선생님이 그중 한 분이었다.

"선생님, 조직에서 인정받아 책임 하나를 맡는 것도 교사로서 영광스러운 일이긴 해요. 하지만 돌이켜 보니 그것 말고도 보람 있게 사는 방법은 많은 것 같아요. 젊을 때 하고 싶은 것에 마음껏 도전해 보세요."

가을이 한풀 꺾일 즈음 나는 돈도 경력도 되지 않는 취미생활을 시작했다. 첫 번째는 태섭이 형이 하는 주짓수였다. 첫 수업부터 상대의 발목을 잡아 넘어뜨리고, 배 위에 올라타 팔꿈치 관절을 꺾는 법을 배웠다. 평범한 체격에 힘도 세지 않은 내가 상대를 압박하고 밀쳐 내고 있으니, 마치 느와르 영화의 주인공이 된 것만 같았다. 어릴 때부터 허약했고 남자아이라면 대부분 해 봤을 태권도조차 배워 보지 않아서일까? 스파링 후 집으로 돌아갈 때면 마치 한 마리 들짐승이 된 듯 밤거리를 찢고 싶은 야성으로 들끓었다.

그로부터 몇 주 뒤에는 넉 달 치 생활비를 들여 요리 학원에 등록했다. 나를 소중히 돌보기 위해서였다. 태섭이 형 실력까진 아니더라도 건강하고 따뜻한 한 끼를 나 자신에게 대접하고 싶었다. 수업 첫날, 주방에서 어물쩍 앞치마를 두르고 콸콸콸 흐르는 물에 식재료를 마구 비벼서 씻었다. 실습 중에 마늘을 까맣게 태운 내게 셰프님이 말했다.

"마늘 향이 은은하게 배어 나올 때까지 약한 불로 다시 볶아 보세요. 사람도 그렇잖아요. 진득하게 오래 익을수록 더 깊고 풍부한 맛을 내는 법이죠."

41

　주짓수를 마치고 어제 요리 학원에서 만든 안심스테이
크를 데워 먹고 있었다. TV 리모컨을 만지작거리던 중 화
면 속 자막 한 줄이 내 시선을 잡아끌었다.

　‘소설가의 작업실?’

　‘저자 인터뷰?’

　‘누구지?’

　화면을 응시하던 나는 눈썹을 치켜올렸다.

　“안녕하세요. 『쓸만한 인간』의 저자 박정민입니다.”

　‘뭐야, 배우인데 책까지 썼어?’

　TV 가까이 다가가 그를 봤다. 영화 〈동주〉에서 눈여겨
본 배우. ‘책과 밤낮’이라는 책방까지 운영하는 작가. 젊
은 나이에 연기 천재로 불리며 방송에서 직접 쓴 책까지
홍보하는 그가 멋져 보였다. 순간 호기심 하나가 뭉게뭉
게 피어올랐다.

　‘가만, 나도 글 한번 써 볼까?’

42

　"글쓰기 습관을 만들고 싶은 분, 글쓰기에 자신감을 키우고 싶은 분, 글 쓰는 사람들과 만나고 싶은 분. 〈열두 번의 글쓰기 모임〉에 신청해 주셔서 감사합니다. 저는 1인 출판사를 운영하는 K 작가입니다. 미리 안내드렸다시피 앞으로 저희는 매월 공통 주제로 각자 글을 쓰고, 모임 날에 써 온 글을 공유할 겁니다. 서로의 글을 평가하기보다는 글을 감상하고 문답을 주고받는 식으로 진행할 거예요. 괜찮을까요?"

　산뜻한 박수가 작은 책방을 가득 채웠다. 무작정 신청한 글쓰기 모임이었지만, 새로운 취미 하나가 더 생길지도 모른다는 설렘이 내 안에서 일어났다.
　"1월 글쓰기 주제는 '요즘 새롭게 시도하고 있는 것'이었죠? 바로 낭독해 볼까요?"
　작가님이 말했다.
　수영, 결혼 준비, 연기, 스페인어 공부, 중고 거래 등 사람들은 저마다 도전하고 있는 생활에 관해 쓴 글을 낭독했다. 서로 속마음을 드러내고 따뜻한 감상을 주고받으니, 처음 봤지만 금세 막역한 사이가 된 느낌이었다.

나도 마른침을 삼키며 하루에 열 문장씩 써 모은 글을 또박또박 읽었다.

제목: 글 한번 써 볼까?

나는 매일 30분씩 노트북 앞에 앉아 뭐라도 적는다. 쓰는 내용은 매번 다르지만, 글의 방향은 한결같다. 스물여덟 살까지 내가 어떻게 살아왔고, 왜 그런 선택을 했으며, 지금은 어떤 사람이 되었는지에 관한 글이다. 내가 매일 글을 쓴다고 하면 주변 사람들은 딴지를 건다.

오늘도 그랬다. 먹고살기 바빠 죽겠는데 무슨 글쓰기냐고, 자신을 찾으면 뭐 달라지는 게 있냐고, 돈도 안 되는 일에 왜 그리 시간을 투자하냐며 세상살이를 가르치려 든다. 그래도 계속 쓸 수밖에 없다. 내가 누구인지, 내가 보는 세상은 어떠한지, 세상에 나를 어떻게 드러낼 것인지 글을 쓰면서 알아내고, 또 알아낸 만큼 살아가고 싶기 때문이다.

비록 아직은 별 같은 누군가를 따라갈 뿐이지만, 그 누가 알겠는가? 나도 언젠가 거대한 빛이 되어 누군가의 어둠을 밝혀 주는 북극성이 될지.

(중략)

낭독을 마치고 주변을 힐끗 쳐다봤다. 사람들이 뭐라고 말할까. 심장이 두근대고 쪼그라드는 것만 같았다.

"아직 젊은데 벌써 글솜씨가 좋은데요?"

"저는 원철 님을 별에 비유하는 마지막 부분이 마음에 들어요."

반응은 각자 풍기는 인상처럼 다양했다. 단순한 인사치레라는 걸 알면서도, 연이은 칭찬에 괜스레 입꼬리가 올라갔다. K 작가님도 내 글을 훑어보며 물었다.

"평소에 글을 좀 쓰셨어요?"

"글은 아니고 5년간 짧게나마 노트에 기록하는 습관을 들였어요."

"어쩐지 오래 글을 쓰신 분이란 게 단번에 느껴졌어요. 기록을 시작한 계기가 있었나 보죠?"

"네, 스무 살에 강연에서 인연을 맺은 분이 노트를 하나 선물해 주셨거든요. 제겐 은인 같은 분인데, 사소한 기록이 성장의 디딤돌이 된다고 말씀하셨어요. 그때부터 귀찮지만 단 몇 줄이라도 남기자는 마음으로 꾸역꾸역 기록했어요."

"글이 아닌 삶을 쓰셨군요."

작가님은 따뜻한 메밀차를 호로록 마시며 말했다.

첫 모임을 마치고 집으로 돌아와 보라색 노트에 적어 둔 지난 기록을 다시 읽었다.

'내겐 새로운 출발점이 필요하다.'

'낯선 땅도 반복해서 걸으면 익숙한 길이 된다.'
'사랑은 혼자서는 이르지 못할 곳으로 나아갈 힘을 준다.'
'모든 일에 감사하고, 시련에 더 감사하자.'

때로는 고민하고 때로는 사랑했던 날들. 기록하지 않았다면 희미해졌을 열렬한 순간들이 마치 어제 일처럼 새록새록 떠올랐다. 이때 처음으로 느꼈다. 대충이라도 써 놓은 이 소소한 기록들이 훗날 말라비틀어진 영혼에 생명을 불어넣을 열렬한 추억이 되리라는 것을.

43

한 시간에 한 글자도 쓰지 못하는 날이 있다. 오늘이 딱 그런 날이었다. 끝내주는 문장 하나가 떠오를 때까지 30분간 모니터만 쳐다보다가 태섭이 형의 SNS를 구경했다.

'햄버거가 아닌 예술 작품을 만드는 MOTHERS MEMORY BURGER! #국립현대미술관 #앤디워홀'
하얀 벽을 배경으로 회색 체크 슈트를 입은 형의 모습은 역시나 근사했다. 하지만 이번에는 형이 감상하는 그림이 내 주의를 끌었다.

'형은 이런 데서 영감을 얻는구나.'

예술의 '예'자도 모르는 나였지만, 순간 감수성이 풍부하고 신선한 작품을 창조해 내는 예술가의 모습이 단박에 떠올랐다.

며칠 후 토요일, 나는 글감도 얻을 겸 연이와 함께 난생처음으로 유료 전시회를 찾았다. 도시 외곽에 있는 시립미술관은 파릇한 자연과 조화를 이뤘다. 유리 벽에 구름이 반사되어 마치 천공의 성으로 입장하는 기분이었다. 입구에서부터 각기 다른 인상으로 다가오는 오색찬란한 그림에 가슴이 일렁였다.

"와, 이 그림을 보니까 심장이 풍선처럼 둥둥 떠오르는 것 같은데?"

"오빠, 이 조각상은 허파를 바위처럼 짓누르는 것 같아."

첫 미술관 데이트에서 우리는 시간 가는 줄 모르고 감상을 주고받았다. 보는 이를 순식간에 사로잡는 작품들이 얼마나 경이로운지. 발걸음을 멈추고 아무리 사진을 찍어도, 결코 조그마한 사각형 프레임 안에 다 담을 수 없는 정경이었다. 전시회 출구에 다다랐을 즈음 그림 한 점이 십분 넘게 내 발을 붙들었다.

〈망치로 끊어진 쇠사슬〉. 그림 앞에 마주 서자 다채로 웠던 공간이 순식간에 무채색으로 변했다. 갑자기 모든 감각이 촘촘하게 다가오는 느낌이랄까? 쇠붙이로 시멘 트 바닥 긁는 소리가 들렸고, 비릿한 냄새에 온 신경이 곤 두서면서 머리가 어지러웠다. 혀 안쪽에서는 녹슨 쇠 맛 이 느껴져 구역질이 날 지경이었다. 그전에도 여러 작품 을 지나쳤지만, 이 그림만큼 목이 타들어 가게 하는 작 품은 없었다. 나와 연이는 거의 동시에 서로를 마주 보 며 외쳤다.

"이런 게 예술이구나!"

44

어둠이 짙은 밤. 달은 휘영청 밝고 별은 총총 빛났다.

'저 별빛을 따다 글 속에 집어넣다 보면, 어느새 나도 별 처럼 자라나 있을 거야.'

이런 믿음으로 밤이 지나고 환하게 밝아질 때면, 두 명 의 시인이 내게로 왔다. 이상, 그리고 윤동주였다. 시대를 앞서간 천재 이상보다 언제나 자신의 부끄러움을 고백하는 윤동주의 시집에 더 손이 갔다. 〈서시〉, 〈별 헤는 밤〉, 〈자화상〉. 시인의 언어란 본디 이토록 따듯하고 사려 깊은 걸까? 별 하나로 추억을 떠올리고 시를 짓는 그가 좋았다. 끊임없이 자신의 길을 고민하지만 아직 그 길이 확고하지 않은 사람. 내게 윤동주는 그러한 청춘이었다.

매일 밤 나는 별을 노래한 시인의 진심을 읊었고, 그 시인처럼 글 속에 고통과 고뇌와 꿈을 엮어 넣었다. 그리고 그가 외딴 우물에서 자신을 들여다봤던 것처럼, 나 또한 어둠이 자욱한 방 안에서 이미 지나쳐 버린 세월 속으로 홀로 깊숙이 걸어 내려갔다.

제목: 아픔의 소용돌이

스무 살에 나는 인정 중독에 허우적거리던 사람이었다. 급하게 이목을 끌려고만 했지, 내실은 없었다. 학년 대표에 자원했을 때도 마찬가지였다. 남들의 평가에만 연연하던, 사람들에게 보이는 모습을 빛내는 데만 몰두하던 나는 가여우면서도 한심한 녀석이었다. 껍데기만 부풀린 탓에 알맹이는 작고 보잘것없는 인간. 그 발가벗은 꼴이야말로 내 진짜 민낯이었다.

(중략)

45

"벌써 12월이네요. 지금까지 자리를 빛내 주셔서 감사합니다. 서로에게 감사와 격려의 박수를 보낼까요?"

기나긴 글쓰기 모임도 어느덧 막바지에 다다랐다. K 작가님은 우리의 글을 모아 제본한 작품집을 건넸다. 가만히 작품집을 내려다봤다. 생각의 끝자락에서 가슴으로 짜내어 손가락으로 흘러내린 글 묶음. 내가 이런 글을 썼다는 벅찬 흥분이 허파를 조였다.

"1년 동안 글을 쓰면서 분명 얻은 것들이 있으리라 생각합니다. 여러분이 움켜쥔 '그것'은 무엇일까요? 함께 나눠 보면 좋을 것 같아요."

작가님의 제안에 나는 그간 글을 쓰며 느꼈던 바를 차분히 전달했다.

"저는 줄곧 인정과 평판을 붙잡기 바빴습니다. 사람들의 박수와 환호를 빼면 하루하루가 재미없고 공허했습니다. 그러다 보니 제가 진짜 원하고 중시하는 것에는 관심이 없었어요. 당연히 상대가 의견을 물어도 '아무거나'라든가 '똑같은 거'라고 대답하며 무리 안에 저를 희석시켰죠. 그런데 글을 쓰면서 저 자신을 돌아볼 수 있었습니다. 이번 경험을 시작으로 언젠가 일생을 담은 회고록을 써 보고 싶어요."

사람들이 눈을 크게 떴다.

"이미 작가가 다 되신 것 같은데요?"

"원철 님의 좋은 글이 많은 사람에게 읽히면 좋겠어요."

"어떤 책을 쓰실지 벌써 궁금해지는데요?"

글쓰기 동기들의 따뜻한 응원에 가만히 웃고 있는데 K 작가님이 말했다.

"그러지 말고 이번에 에세이를 한번 써 보는 거 어때요? 표현력이 좋으니 시나 소설도 좋겠네요."

나는 가당치도 않다며 손사래를 쳤다.

"에이, 그 정도는 아니에요. 책은 나이가 좀 더 들고 원숙해진 다음에야 쓸 수 있지 않을까요?"

작가님이 온화하게 웃으며 말했다.

"원철 님 안에 소재는 이미 충분한 것 같은데요? 나이 들어서 내는 책도 멋지지만, 젊을 때 세상에 풀어 봐도 좋을 것 같아요."

듣기는 좋았지만, 과연 내 짧은 생애가 이야기가 될 수 있을지 확신이 서지 않았다. 마음 한편에 웅크린 소망을 외면하는 사이, 작가님이 대화를 이어 갔다.

"삶의 길이가 어떻든 원철 님이 걸어 온 한 걸음 한 걸음이 문장이 되고 페이지가 될 거예요. 원철 님 앞에 어떤 이야기가 펼쳐지고 글로 표현될지 궁금하지 않나요? 그간의 모든 견문을 글감으로 활용한다면, 분명 풍요로운 이야기를 수확할 수 있을 거예요. 한번 생각해 보세요. 그 이야기에서 원철 님만의 새로운 북극성이 떠오를지도 모르니까요."

별이 반짝이는 이유

46

'내 안에도 별처럼 반짝이는 이야기가 있을 거야.'

스물아홉 살, 나는 이렇게 마음먹고 에세이를 집필하기 시작했다. 외부 시선과 평가에 어수선하게 흐트러진 삶을 다잡고, 인생에 흔들리지 않는 별 하나를 다시 초대하기 위해서였다. 하지만 그동안 쓴 글을 여러 편 이어 붙인다고 책 한 권이 뚝딱 만들어지는 것은 아니었다. 과연 이걸 책이라고 부를 수 있을까? 이 이야기를 제대로 완성이나 할 수 있으려나? 온갖 의심 때문에 자꾸만 타자를 멈췄다.

초고에 뛰어들 때만 해도 꽤 괜찮은 걸작을 만들어 낼 자신이 있었는데, 언제부턴가 다소 주제넘은 일이라는 생각이 들기 시작했다. 전하고 싶은 거대한 담론에 견주어 보면, 끄적일 수 있는 글이란 얼마나 가벼운 담소에 불과한지를 쓸수록 체감했기 때문이다. 매일 녹초가 될 때까지 원고에 매달렸지만, 휴지통에 집어 던진 글 뭉치만 나날이 쌓여 갔다.

연이, 부모님, 관장님, 글쓰기 모임 사람들. 초고를 쓰는 3개월 동안 시간을 내어 만난 사람들이라곤 이들이 전부였다. 종종 태한이나 광용이에게도 연락이 왔지만, 언제부터인가 두 사람의 관심사는 지루해졌고 애써 안부를 주고받는 것도 피곤해졌다. 직장에서도 업무가 아니면 굳이 동료들과 어울리지 않았다. 피해 주지 말고 예절만 지키자. 딱 이 정도의 마음으로 조용히 일만 하다가 곧장 퇴근해 키보드를 두드렸다. 처음엔 이를 대수롭지 않게 여겼다.

그러던 어느 날 혼자 교실에서 일하고 있을 때 복도에서 동료들의 웃음소리가 들려 왔다.

"생일 축하합니다. 생일 축하합니다. 사랑하는⋯."

다들 활기찬 목소리로 옆 반 선생님의 생일을 축하하며 폭죽을 빵빵 터트리고 있었다. 이어서 촛불을 부는 소리와 함께 큰 박수가 쏟아졌다. 그리고 조용해지더니 속삭이는 말이 오갔다.

"김원철 선생님 시끄러우시겠어요. 우리 좀 조용히 해요."

"그래도 교실 앞인데 부를까요?"

"아니에요. 원철 쌤은 워낙 바쁘니까 괜히 방해하지 말자고요."

내심 그들이 교실 문을 열어 주길 기다렸지만, 나를 부르는 동료는 아무도 없었다. 어느새 나는 혼자만의 세계가 너무 커져 외부인이 들어올 틈이 없는 사람이 된 것이다. 주짓수와 요리, 예술과 글쓰기에 열정을 쏟으며 보낸 지난 1년. 마치 홀로 지내는 데 천부적인 소질을 타고난 듯 살았는데 갑작스레 스무 살 처음 혼자가 되었을 때 느꼈던 외로움이 다시 몰려왔다. 그날 저녁 책상 앞에 앉아 스탠드 조명과 바깥의 화려한 네온사인을 번갈아 봤다.

'조금 더 내게 집중해도 괜찮을까?'
'이러다가 영영 외톨이가 되는 건 아닐까?'
'잠깐만 사람들과 어울려 볼까?'
'아니면 차라리 사람들이 닿지 않는 곳으로 더 숨어 버릴까?'
혼란과 우울로 몇 날을 지새웠다. 인간은 사회적 동물이라는데, 내 성격에 어떠한 결함이 있는 건 아닌지 걱정됐다. 스트레스가 극에 달한 일요일 밤, 영감님에게 이메일을 보냈다.

[제목: 저에게 집중한 시간 1년. 지금 잘하고 있는 걸까요?]

"별의 가장 큰 특징은 스스로 빛난다는 것이다."

"별의 진정한 빛은 안에서부터 나온다."

"한 사람의 가치 역시 자기 안에서부터 나오는 것이다."

편지에 이런 말을 쓰는 걸 보니, 드디어 자네 안에서도 별이 탄생하려는가 보구먼. 축하하네. 자네에게도 비로소 인생의 '빅뱅'이 도래한 게야. 물론 아직은 혼란스러울 거야. 괜찮네, 누구나 처음엔 그러니까.

밤하늘의 별을 떠올려 보게. 어둠 속에서 홀로 반짝이는 별은 참 숭고하고도 아름답게 보이지. 그런데 생각해 본 적 있나? 별이 어떻게 저리도 아름다운 빛을 내는지 말이야.

자네가 진정 스스로 빛나고 싶다면, 답도 스스로 알아내게. 오래전 별이 반짝이는 이유를 최초로 알아낸 이 사람에게서.

2021년 10월 17일
당신의 심성

〈질문 5〉
다시 예전의 자네로 돌아가고 싶은가?
아니면 조금 더 자신에게 집중해 볼 건가?

47

영감님의 메일에는 처음으로 그림 파일 하나가 첨부되어 있었다. '한스 베테'라는 남자의 초상이었다. 다음 날이 남자에 관해 하나하나 조사하기 시작했다. 한스 베테, 그는 핵융합 반응 이론으로 노벨상을 받은 천체 물리학자였다. 그의 연구를 전부 이해할 순 없었지만, 별이 어떻게 빛을 내는지는 어렴풋이 알 수 있었다. 퇴근하자마자 보라색 노트에 그 이유를 정리했다.

〈별이 스스로 빛나는 이유〉

1. 최초의 별은 먼저 중력에 의해 뭉쳐진다. 이때는 빛을 내지 못한다.

2. 하지만 내부의 엄청난 압력과 격돌을 견디면서 조금씩 빛과 열을 내뿜는다.

3. 별은 중력에 의해 응축하고 자신의 폭발로 팽창하기를 반복한다.

4. 그러다가 어느 순간 중력과 별의 폭발력이 딱 평형을 이루는 때가 온다.

5. 바로 이때부터 별은 적당한 크기를 유지하며 계속 빛과 열을 낸다.

정리한 내용을 가만히 살펴보니 문득 이런 생각이 스쳤다.

'별이 팽창하기 위해 응축하듯, 나도 고독을 통해 극도로 압축하는 시기를 보내고 있는 걸까?'

'주변 사람들을 밀어낸다는 것은 내 안에서 막대한 에너지가 생겨나고 있다는 뜻일까?'

턴테이블에서 냇 킹 콜의 〈Stardust〉가 부드럽게 흘러나왔다.

And now the purple dusk of twilight time
Steals across the meadows of my heart
(땅거미가 지는 지금 보랏빛 어스름이 내 마음속 초원을 살며시 지나가고)

High up in the sky, the little stars climb
Always reminding me that we're apart
(하늘 높이 작은 별들이 하나둘 타오르며)

48

외로움에 흔들릴수록 정신과 육체를 단련하는 나날을 이어 갔다. 새벽에는 글을 쓰고 저녁에는 격투기에 땀을 쏟는 하루하루가 모이고 불이 붙어 나를 혼자서도 빛나는 별로 빚어 낼 거라고 믿었다.

며칠 뒤 운동 교구를 반납하고 체육교사실을 지나는데 문 안에서 내 이름이 들렸다. 평소 나를 탐탁지 않게 여기던 선배 교사들의 목소리였다.

"김원철 있잖아. 뭔가 자기만의 세계에 갇혀 있는 것 같지 않아?"

"별나긴 하지. 책도 쓴다던데? 에세이라던가?"

"아까도 마치고 같이 배구하자니까 뭐라는 줄 알아? 자기는 바쁘데. 누군 안 바빠?"

"그러게, 점심 때 같이 밥 먹자니까 먼저 먹으라고 하고. 너무 비싼 척한단 말이지. 별로 그렇게 보이지도 않구먼."

두 사람의 대화를 듣는 동안 가슴이 떨렸다. 한편으로는 충격과 아픔이, 다른 한편으로는 더는 예전처럼 피하거나 숨지 말아야겠다는 생각이 들었다. 숨을 깊게 들이마셨다. 그리고 문을 열고 들어가 그들에게 인사를 건넸다.

"안녕하세요, 수고 많으십니다. 문밖에서 제 이름이 들리던데, 무슨 얘기를 하고 계셨죠?"

두 사람은 놀란 표정으로 서로를 쳐다봤다.

"만약 제게 미흡한 부분이나 불만이 있다면 솔직하게 말씀해 주셔도 괜찮습니다. 오해는 대화로 풀고 싶어요."

나는 최대한 친절한 톤을 유지하며 계속 말했다.

"아…. 원철 쌤, 그냥 농담이었어요."

안경 낀 선배가 말을 더듬었다.

"책은 언제 나와요?"

갈매기 눈썹 선배는 여전히 당당했다.

"글쎄요. 생각보다 시간이 걸리네요."

나도 담담하게 대답했다.

"역시 어렵죠? 책은 아무나 내는 게 아닌데. 원철 쌤은 참 대단한 것 같아."

갈매기의 비꼬는 듯한 말에 나는 몇 초간 침묵한 뒤 그를 똑바로 보며 말했다.

"그러게요. 저 좀 대단하죠?"

내가 살짝 웃자 갈매기의 표정이 일그러졌다. 그는 내

어깨를 툭 치며 밖으로 나갔고, 옆에 있던 안경 선배도 황급히 그를 뒤따랐다. 그들의 뒷모습을 바라보는 순간 영감님의 질문이 뇌리를 스쳐 지나갔다.

'다시 예전의 자네로 돌아가고 싶은가?'
의외로 대답은 금방 나왔다.

"아니요. 저에게 집중해야죠."

재회

군대에서 불침번을 설 때 나와 태섭이 형은 종종 가족 얘기를 했다. 형은 어머니 이야기는 가끔 했지만, 아버지 이야기가 나오면 바로 입을 다물었다. 한번은 너무 궁금해 어떤 분이냐고 물은 적이 있는데, 형은 돈 아니면 여자밖에 모르는 남자라고 딱 잘라 말했다. 어딘가 서늘하기까지 한 얼굴로 단호하게 선을 긋는 바람에 다시는 물어볼 엄두조차 내지 못했다. 그런 형이 〈영 앤 리치〉라는 인기 인터넷 방송에 출연해 처음으로 가족사를 언급했다.

"연 매출 30억 원, 론칭 2년 만에 100호점 돌파, 수제 버거로 강남을 평정한 사나이."
"오늘의 젊은 사장, '마더스 메모리 버거' 강태섭 대표님을 모시겠습니다."

키가 2m쯤 되어 보이는 아저씨와 호리호리한 젊은 남자 모델이 형을 소개했다. 화면은 가게 앞으로 천천히 다가오는 고급 외제 차로 옮겨 갔고, 곧 검정 터틀넥 스웨터를 입은 태섭이 형이 차에서 내렸다. 낮에는 수제버거 가게, 밤에는 재즈바로 운영되는 형의 가게는 고급 레스토랑처럼 크고 우아했다. 와인 톤으로 꾸민 가게 중앙에는 오색찬란한 샹들리에가 달렸고, 안쪽 작은 무대에는 그랜드 피아노와 드럼이 놓여 있었다. 영상은 평균 2억 원 정도 월 매출이 찍힌 포스기, 낮이고 밤이고 손님이 끊이질 않는 가게, 점주들과 회의하는 형의 모습, 영업이 끝난 가게 모습으로 이어졌다.

키다리 아저씨, 젊은 모델, 태섭이 형은 맥주를 마시며 이런저런 이야기를 나눴다. 대화 주제는 자연스레 사업 뒷이야기로 이어졌다.

"열일곱 살부터 아르바이트를 하셨는데, 그렇게 악착같이 살아온 원동력은 뭘까요? 집안 형편이 어려웠나요?"

아저씨가 조심스레 물었다.

"어렸을 땐 남부럽지 않게 살았어요."

형이 대답했다.

"설마 집 마당에 수영장 있고. 지하에 영화관 있고 그런 거 아니죠?"

형은 무표정으로 고개를 끄덕였고, 모델은 놀라서 입을 다물지 못했다.

"저희 집은 강남에서 가장 큰 정육점과 식육식당을 운영했어요. 가정은 화목했고, 친구들은 매일 집에 놀러 오

겠다고 매달렸어요. 풍족하고 행복한 시절이었죠. 열 살
부터 어머니와 단둘이 살기 전까지는요."

갑작스러운 고백에 두 MC가 눈을 크게 떴다. 형은 맥주
를 마시며 계속 말을 이어 갔다.

"맞아요, 이혼 가정이에요. 그때부터 돈에 쫓겨 살았
어요. 어머니는 전공을 살려 작은 화실을 열었지만 생계
를 이어 가기엔 역부족이었어요. 그래서 다른 일을 병행
하셨는데, 몸이 허약해 자주 쉬셨어요. 경제 사정은 어려
웠지만 그래도 부족함 없이 사랑을 주셔서 마음은 풍족
했어요."

형은 지갑을 꺼내 부엌에서 어머니와 둘이서 햄버거를
먹는 사진을 보여 줬다. 그리고 주말마다 어머니와 햄버
거를 만들던 경험을 무덤덤하게 들려주었다.

"그래서 대표님 가게 이름이 '마더스 메모리 버거'군요.
어머님과의 추억이 담긴 햄버거요."

아저씨가 테이블을 탁 치며 말했다.

"맞아요, 어머니와 약속했거든요. 나중에 크면 햄버거
가게로 큰돈을 벌어 효도하겠다고."

"그러고 진짜 성공하시다니. 어머님이 정말 기뻐하시겠어요. 버거 맛을 보고 뭐라고 하시던가요?"

모델이 명랑한 어조로 물었다.

몇 초간 침묵이 이어졌다. 형은 어두운 안색으로 천천히 입을 열었다.

"제가 고등학생 때 세상을 떠나셨어요. 유방암으로."

두 MC의 헛기침 소리에 장내 분위기가 더 숙연해졌다. 형이 말했다.

"의사는 칼로 도려낼 만큼 고통스러웠을 거라고 했는데, 그날 응급실에 실려 가기 전까지도 어머니는 아무 내색 없이 수제 버거를 만들어 주셨어요. 아들밖에 모르는 바보였죠. 그때 수술할 돈만 있었어도…."

모델이 형의 눈치를 살폈다.

"혹시 이혼한 아버지도 그 사실을 아셨나요?"

"아버지요?"

형의 눈빛이 순식간에 돌변했다. 마치 굶주린 늑대 같았다.

"어머니 일로 찾아가니 이미 다른 여자랑 애까지 낳아 잘 살고 있더라고요. 현관 앞에 서 있는 저를 싸늘하게 쳐다봤어요. 마치 멀리 내다 버린 개가 어떻게 찾아왔는지 알 수 없다는 표정으로…. 그래도 빌 수밖에 없었어요. 이번만 수술비를 내 주면 안 되겠냐고, 다시는 안 찾아올 테니 도와달라고 싹싹 빌었는데…. 문 앞에서 저를 발로 밀어 버리더라고요."

형이 코웃음을 쳤다.

"왜 하필 나지? 너무 억울하고 화가 나서 미칠 것 같았어요. 하루는 아무 죄 없는 어머니를 붙잡고 난동을 피웠죠. 그때 어머니가…. 엄마가 제 눈물을 닦아 주며 뭐라고 했는지 아세요?"

아저씨와 모델은 무거운 표정으로 형의 얘기를 기다렸다.

"엄마가 이렇게 아파서 미안하다, 힘들겠지만 그래도 너는 살아야 한다, 아빠 원망은 안 했으면 좋겠다, 세상은 여전히 아름답다, 너도 빛나는 삶을 살아라. 그러고 사흘 뒤에 돌아가셨어요."

형은 어머니 장례식 후 고등학교 중퇴, 비행 청소년으로 방황했던 사춘기, 외할머니의 보살핌과 도움, 검정고시 합격, 외할머니 죽음 이후 이를 악물고 치열하게 버텨 온 시간을 줄줄 쏟아 냈다. 그리고 다시 아버지를 향한 분노를 토로했다.

"지금 얘기, 방송으로 나가도 괜찮으시겠어요? 아버님
도 보실 텐데. 그래도 자식으로서….."

아저씨가 뭔가 조언하려 하자 형은 어금니를 꽉 깨물
었다.
"그 남자도 물론 보겠죠. 아니, 봐야죠. 앞으로도 보여
줄 겁니다. 자기가 버린 자식이 어떻게 성공하는지."

50

〈영 앤 리치〉 출연 후 형의 인기는 날로 치솟았다. 대중
은 형의 화려한 성공 뒤에 숨겨진 이야기에 더욱더 열광
했다. 아픈 가족사와 불우한 환경을 딛고 자수성가한 사
업가. 형은 SNS 팔로워 10만 명을 넘기며 단숨에 유명인
이 되었다. 형이 잘돼서 기쁘긴 했지만, 한편으론 아버지
에게 받은 상처가 걱정되어 SNS로 메시지를 보냈다. 그
리고 며칠 뒤 답장을 받았다. 마침 가맹점 일로 지방에 내
려갈 참인데 오랜만에 얼굴 좀 보자는 내용이었다.

2주 뒤 우리는 시내에 있는 패밀리 레스토랑에서 만났다.

형은 입구에서부터 웃으며 들어와 뒤에 감추고 있던 붉은 아마릴리스 꽃다발을 건넸다. 대화는 제대 후 생활에서 취업, 연애, 취미로 자연스럽게 이어졌다. 나는 SNS에 업로드한 사진들을 보여 줬고, 형은 주짓수와 요리를 배우는 나를 귀여운 듯 쳐다봤다.

"이게 다 날 따라 한 거라고?"

"응. 형처럼 혼자서도 빛나는 사람이 되고 싶어서."

형은 웃으면서 계속 내 계정을 훑었다.

"이야, 원철아. 책도 써? 많이 컸다? 무슨 내용인데?"

"음, 나를 지키고 사랑하는 법?"

형의 눈빛에 대견함이 묻어났다. 나는 코를 비비적거리며 자신만만한 표정을 지었다. 배에서 꾸르룩 소리가 났다.

"아, 오늘 형이 밥 산다길래 많이 먹으려고 했는데, 왜 또 배가 아프지?"

내가 배꼽 주위를 매만지자 형이 풉 하고 웃었다.

"똥쟁이인 건 여전하네. 으, 똥 냄새."

형은 상병 때 같이 출전한 마라톤 대회 얘기를 꺼냈다. 한참 군대 얘기를 하며 킥킥대니 그 시절 부대 초소에서 담소를 나누던 순간이 눈앞에서 아른거렸다. 그때 옆에서 크게 욕하는 소리가 들렸다. 40대 초반쯤 되어 보이는 덩치 큰 아저씨였다.

"야, 넌 내가 돈 버는 기계로 보이지?"
아저씨가 아줌마에게 호통쳤다.
"여보, 내 말은 그게 아니라. 당신이 일을 오래 쉬니까 걱정돼서…."
깡마른 아줌마는 아저씨와 어린 아들의 눈치를 살피며 작게 속삭였다.
"아씨, 그까짓 돈 벌면 될 거 아니야? 잠깐만 쉬겠다고 잠깐만. 쥐꼬리만 한 돈 벌면서 엄청 눈치 주네. 짜증 나게."
아저씨가 고함을 지르며 굵은 팔뚝으로 테이블을 세게 내리쳤다. 아줌마 옆에 앉은 남자아이가 울음을 터트렸고, 아저씨는 아이에게 삿대질했다.
"야, 너 사내새끼가 왜 울고 그래? 뭘 잘했다고 울어? 공부도 못하는 게."

아저씨가 아이의 머리에 꿀밤을 세게 때렸다. 사람들이 웅성대며 힐끔힐끔 쳐다봤다. 하지만 아저씨가 노려보자 다들 시선을 피했다. 나도 아줌마와 아이가 신경 쓰였지만 막상 나서려니 겁이 났다. 그때 형이 포크를 내려놓고 아저씨에게 다가갔다.

"아내와 아들에게 그렇게 함부로 말하면 안 되죠."

아저씨가 눈을 부라렸다.

"넌 뭐야? 어린놈의 새끼가 어디 어른한테···. 너네 아빠가 그렇게 가르쳤어?"

형이 미간을 찌푸리며 한숨을 내쉬었다. 아저씨가 일어나 형의 어깨를 툭툭 밀었다.

"딱 봐도 알겠다. 그 아빠에 그 아들이겠지. 아들이 아빠를 닮지 누굴 닮겠어?"

형이 아저씨의 손을 확 뿌리쳤다.

"아저씨, 잠깐 나와 봐요."

"그래 가자, 이 자식아. 진짜 요즘 젊은것들은 왜 이리 버릇이 없냐?"

아저씨는 목을 좌우로 꺾으며 형과 밖으로 나갔다.

얼마나 흘렀을까? 잠시 후 두 사람이 가게로 돌아왔다. 아저씨는 어깨를 잔뜩 움츠리고 있었다. 형이 고개를 까닥이자 아저씨가 가족에게 사과했다.

"여보, 미안해. 아까 내가 말이 너무 심했지?"

"아들, 때려서 미안해."

형이 한 번 더 고개짓을 했다.

"여러분, 불편을 끼쳐 죄송합니다."

아저씨는 허리를 깊이 숙이며 우리에게도 사과했다. 형이 한쪽 입꼬리를 올렸다. 아저씨는 멍하니 자리에 앉았고, 형은 상냥한 얼굴로 아줌마와 아들에게 다가갔다.

"오늘 식사는 제가 계산할게요. 모자라면 더 시키셔도 돼요."

아줌마는 어찌할 바를 몰라 계속 고개를 숙였다. 형이 아저씨의 어깨에 손을 얹었다.

"앞으로는 아내와 아들을 존중하고 사랑해 줄 거죠?"

아저씨가 목을 움츠리며 말했다.

"그래야죠…."

주변에서 박수가 터져 나왔다. 사람들은 형을 영웅처럼 추켜세웠다. 형이 좌중을 향해 정중히 목례하자 환호성이 더 크게 울려 퍼졌다. 하지만 나는 웃을 수 없었다. 뒷짐진 형의 손등에 피가 묻어 있었기에.

51

며칠 동안 퇴근한 후에 형을 만났다. 함께 체육관에서

스파링하고, 가까운 캠핑장에서 요리했다. 시립미술관도 들렸다. 우리는 떨어져 있던 시간이 무색할 만큼 금세 가까워졌고, 매일 서로를 기다렸다. 나흘이 눈 깜짝할 사이에 지나갔다. 어느덧 기차역에서 작별할 시간이 되었다.

"우리 엄마가 항상 그랬거든. 나한테 동생 하나 있으면 좋았겠다고."

형이 밤하늘을 올려보며 말했다.

"그래서 뭐라고 했어?"

내가 물었다.

"필요 없다고 했지. 그런데 너 같은 동생이라면 재밌었을 것 같아."

"정말?"

"그럼 정말이지. 군대에서 처음 대화하자마자 알았어. 너와 내가 결이 비슷하다는 걸. 특히 엄마를 동정하고, 아빠도 아닌 놈을 증오했다는 점에서 말이야. 그리고 이젠 확신이 들어. 우리는 어떤 형제보다도 잘 맞아."

형이 지그시 나를 내려다보며 머리를 쓰다듬었다.

"모처럼 즐거웠다. 나중에 책 나오면 알려 줘. 돈 주고 살게, 김 작가."

기분이 날아갈 것 같았다. 우리는 부대에서 처음 만났을 때처럼 주먹 인사를 한 뒤 승강장으로 향했다. 에스컬레이터를 타고 내려가는데 며칠 사이 피딱지가 앉은 형의 주먹이 보였다.

　"형, 며칠 전 레스토랑에서 사과한 아저씨 있잖아. 어떻게 한 거야?"

　"누구? 아, 나한테 아빠 뭐라 뭐라 한 놈? 그냥 뭐, 손 좀 봐 줬지."

　"때린 거야?"

　"음, 때린 건 아니고. 그런데 왜?"

　"갑자기 궁금해서. 형이 〈영 앤 리치〉에서 아버지 얘기한 것도 생각나고⋯."

　형은 녹슨 철도를 내려다보며 씁쓸한 표정을 지었다. 형은 역시나 곪아 터진 상처를 안고 있었다. 몇 년 전 가족 상담을 하던 때가 떠올랐다. 형도 부모의 그늘에서 벗어나면 좋겠다고 생각했다.

　"돌이켜보면 부모는 단단한 기둥이었어."

　나는 아침부터 준비한 말을 조심스럽게 꺼냈다.

　"기둥?"

형이 내게 고개를 돌렸다.

"응. 절대 부모처럼 살지 않겠다는 마음이랑 부모의 저런 면은 본받아야지 하는 마음. 이 두 가지 마음이 기둥처럼 나를 견고하게 세웠거든."

"그랬구나."

"나는 아빠의 잘못을 보면서 술을 절제했고 엄격하게 돈을 관리했어. 화를 조절하지 못하는 엄마를 보며 감정을 차분하고 정확하게 전달하는 법을 익혔고. 반대로 권위를 내세우지 않고 집안일을 하는 아빠 덕에 가정적인 남편을 꿈꿨어. 엄마에게는 목표를 향해 자신을 관리하며 정진하는 태도를 배웠고. 두 분은 바람직하든 바람직하지 않든 알게 모르게 내 삶의 버팀목이 되어 주셨던 거지."

나는 허공을 응시하며 계속 말을 쏟아 냈다.

"그렇게 생각하니 부모 역시 인생을 배우고 있는 불완전한 중년 남녀라는 걸 어렴풋이 깨닫게 되더라고. 부모님이 자란 배경을 다시 살펴보니 두 분의 미성숙함도 인정하게 되고. 서로 다른 가정에서 자라 1년 남짓한 짧은 연애 후 20대 중반에 결혼했으니 참 힘들었겠다 싶었어. 젊은 시절 꿈도 야망도 있었을 텐데, 날 위해 헌신한 두 분에게 고마운 마음도 들더라. 세상에서 가장 미운 동시에 가장 사랑할 수밖에 없는 존재. 어쩌면 부모가 그런 존재 아닐까?"

형은 아무 말도 하지 않았다.

"사실 만나기 전부터 형에게 상담을 받아보라고 권하고 싶었어. 부모라는 존재, 아버지가 형에게 준 영향, 그로 인해 형이 느낀 상처와 오해를 조금은 객관적으로 정리해 볼 수 있거든."

"오해라고?"

형의 얼굴에서 웃음기가 사라졌다.

"아니, 절대 형 탓이라는 건 아니야. 난 그냥 형이 한 번쯤 먼저 다가가면 좋겠다 싶어서…."

"그냥?"

형의 표정이 더 일그러졌다.

"아니, 그런 뜻이 아니라…."

아차 싶어 말끝을 얼버무리는 내게 형이 정색하며 말했다.

"그만하자."

그때 멀리서 까만 매연을 한가득 내뿜는 열차가 경적을 울리며 달려왔다. 형은 타는 곳 쪽으로 걸었고, 나는 따라가며 서둘러 못다 한 말을 뱉었다.

"상담 선생님이 그랬어. 복수로는 아무것도 얻을 수 없다고."

"지금이라도 그만두고, 형을 위한 인생을 사는 게 어때?"

"복수는 형을 더 깊은 어둠 속으로 빠트릴 거야. 그렇게 되면 형은…."

기차 문이 열렸고, 나는 다급하게 형을 붙잡았다.

"형…, 진짜 나중에 후회할 거야."

형은 걸음을 멈추고 굳은 얼굴로 나를 노려봤다. 그러고는 어떤 말도 남기지 않은 채 기차에 올라 타 짙은 어둠 속으로 홀연히 사라졌다.

경칩

A4용지 135쪽. 1년간 고독과 고통을 감내하며 쓴 글이 어느새 한 권의 이야기가 되었다. 초고에는 미숙하지만 나름대로 힘찬 푸른빛이 감돌았다. 출판사에 투고하기 전 〈예비 작가 스쿨〉이라는 소그룹 강의를 신청했다. 강사는 10년 차 편집자로, 이름은 제이였다. '좋은 출판사와 계약하고 좋은 작가로 성장하는 법'에 관한 유용한 강의였고, 역시 전문가라는 생각이 들었다. 강의가 끝난 후 그녀에게 원고 검토를 부탁했다. 그녀는 내 원고를 긍정적으로 평한 뒤 명함 하나를 건넸다.

2주 뒤 P출판사와 화상 회의를 했다. 다른 지역에서 초대받은 예비 작가도 몇 명 있었다. 제이의 호의 섞인 인사에 우리는 한껏 들떠 이미 계약이 성사된 듯 뜨거운 박수를 보냈다. 그러나 그녀의 다음 말이 찬물을 끼얹었다.

"그런데 사실 여러분의 글은 아직 팔 수 없습니다. 상품으로 탈바꿈하려면 여러 공정을 거쳐야 해요."

분위기가 순식간에 얼어붙었다. 몇 초 뒤 한 아저씨가 질문했다.

"꼭 원고를 바꿀 필요가 있나요?"

"필요합니다. 많은 예비 작가가 원하는 글을 쓰고 싶어 합니다만, 독자들은 자신이 원하는 글을 읽고 싶어 해요. P출판사는 독자가 바라는 책을 염두에 두고 있습니다."

제이는 냉혹한 출판 시장을 언급하며 아저씨의 원고부터 차례로 비평했다. 너무 정확하고 예리한 분석이라 누구도 제대로 반박하지 못했다. 마지막은 내 차례였다.

"원철 씨의 원고는 표현력도 좋고 성장 스토리도 충분히 귀감이 되지만, 이렇게 잔잔한 이야기는 신인 작가에게 좋은 선택지가 아니에요. 사실 '나다움'이라는 소재도 이미 여러 책에서 다뤘고요. 좀 더 파격적이고 차별화된 이야기가 필요해요."

그녀가 힘주어 말했다.

"그래도 이게 제 이야기인걸요. 그러면 어떻게 써야 한다는 거죠?"

내가 물었다.

"시장 조사를 해 보면 알겠지만, 캐릭터와 줄거리를 더 강렬하게 만들어야 해요. 독자들이 저자를 더 신뢰하고 이야기에 깊이 빠져들 수 있도록요."

나는 그녀의 일방적인 의견이 불편했다.

"하지만 독자들 입맛에만 맞추다 보면 작가의 정체성도 잃고 책의 진정성도 줄어들 수 있잖아요. 저는 책을 통해 꼭 전하고 싶은 메시지가 있어요."

"물론 작가의 진정성과 메시지도 중요하죠. 하지만 결국 독자의 선택을 받아야 그 메시지를 전할 수 있지 않겠어요? 그러려면 일단 독자가 책을 놓지 않게끔 써야 해요."

마케팅 담당자도 제이의 말을 거들었다.

"그리고 책 쓰는 것만큼이나 홍보 계획도 중요해요. 다들 SNS 관리 잘하고 계시죠?"

출판사 측의 주장에 납득이 가진 않았지만, 계속 제이의 얘기를 들을 수밖에 없었다.

"제가 코치한 작가만 해도 1,000명이 넘어요. 읽은 원고는 수백 편이 넘고요. 저희를 믿으셔야 합니다. 그래야 함께 좋은 책을 만들 수 있어요. 첫 책, 내고 싶지 않으세요?"

나는 한 박자 쉰 뒤 말했다.

"혹시 원래 이야기랑 많이 달라질 수도 있나요?"

"함께 논의하면서 타협점을 찾아야죠. 그래도 독자들을 만족시킬 만한 상품을 만드는 게 첫 번째예요."

그때 먼저 질문했던 아저씨가 이런 출판사 따위는 필요 없다며 버럭 성을 냈다. 제이는 사무적인 어조로 우리를 번갈아 보며 말했다.

"물론, 이건 어디까지나 저희 쪽 의견일 뿐입니다. 선택은 여러분이 하시는 거죠. 저희와 방향이 맞지 않는다면, 여기서 더 진행하지 않으셔도 됩니다. 그러면 지금 결정할까요?"

아저씨는 펄쩍 뛰며 회의에서 나갔고, 조용히 있던 다른 대학생도 짧은 인사와 함께 자리를 떠났다. 회의는 빠르게 끝났다. 노트북 앞에 앉아 오래 공들인 작업 파일을 한참 들여다봤다.

'글만 좋으면 되지, 꼭 많이 팔려야 하나?'

제이와 함께 책을 내기로 했지만, 막상 원고를 뜯어고친다니 어쩐지 내 20대를 부정하는 기분이 들었다.

'지금이라도 다른 출판사를 찾아볼까?'

'아니면 이참에 P출판사에서 빨리 출간해 작가로 데뷔하는 게 좋으려나?'

창밖에는 꼬리를 문 자동차들이 경적을 빵빵 울렸고, 배달 대행 오토바이들이 그 사이를 요리조리 피해 질주했다.

일주일 후 나는 제이의 조언을 참고해 원고를 수정했다. 성공을 부각하고 난관을 극복한 과정을 감동적으로 풀어내는 식이었다. 하지만 제이는 쉽게 만족하지 않았다.

내가 겪은 일 중 더 흥미로운 부분이 있을 거라며, 독자들이 더욱 공감하고 빠져들 만한 에피소드를 추가해야 한다고 거듭 강조했다. 처음에는 내 이야기를 온전히 전하는 데 충실하려고 했지만, 다른 작가들의 원고와 비교당하면서 점점 자신감을 잃어 갔다.

"판매 실적도 중요하다."
"독자들에게 강렬한 인상을 남겨야 한다."

제이의 압박은 갈수록 심해졌다. 자연히 이야기에 조금씩 살을 덧붙일 수밖에 없었다. 그럴 때마다 제이는 찬사를 보냈다. SNS에서 홍보할 때도 마찬가지였다. 실제 경험을 부풀릴수록 '좋아요'와 댓글이 많이 달렸고, 팔로워도 쑥쑥 늘어났다. 원고 속의 거짓은 눈덩이처럼 불어나 걷잡을 수 없이 굴러갔다.

연이는 출판사와 예비 독자들에게 끌려다니는 나를 걱정했다. 게시한 내용이 원래 내 모습과 거리가 있고, 몇몇 경험은 다소 과장되거나 왜곡된 것처럼 느껴진다고도 했다. 하지만 내 입장은 달랐다. 책은 내게 온전히 집중한 결과물이었고, 그 결과물을 널리 알릴 수 있다면 외부의 주목을 끄는 것은 합리적인 전략이었다.

그렇게 몇 달이 지났다. 어느새 팔로워가 2,000명을 돌파했고, 책을 기다리는 독자도 늘어 갔다. 그즈음에 제이가 계약서를 내밀었다. 나는 승리의 깃발을 쟁취하듯이 계약서를 하늘 높이 들어 올렸다.

"이 책에 제 젊은 날을 갈아 넣었습니다."

출판팀의 뜨거운 호응이 회의실을 집어삼켰다.

"먼 훗날 지성과 낭만을 폴폴 풍기고, 건강미까지 넘치며, 나이가 무색하게 계속 도전하는 할아버지를 본다면…."

계속 소란스럽게 박수를 보내는 출판팀. 나는 여유 있는 태도로 주변을 둘러본 뒤 말을 이어 나갔다.

"그게 바로 저겠죠?"

와자지껄 웃는 사람들 앞에서 나는 만년필을 힘차게 집어 들었다. 박수, 환호, 또 박수. 천둥 같은 환호성에 귀가 먹먹했다. 제이가 웃으며 말했다.

"우리는 원철 씨 책이 성공할 거라 확신해요. 이 책은 많은 이에게 힘과 용기를 줄 겁니다. 저희 출판사를 알릴 또 하나의 에세이가 될 거고요."

책 디자이너와 마케팅 담당자도 화색을 띠며 말했다.
"원철 씨 원고를 읽으면서 아픔을 기회로 바꿀 수 있다는 용기를 얻었어요."
"맞아요. 자신을 지키고 사랑하는 방법들이 제게도 영감을 줬어요. 출간 후에도 독자들과 진실하게 소통하며 승승장구하면 좋겠어요."
나는 마른 입술을 다시며 계약서에 폼 나게 서명을 휘갈겼다. 테이블 아래에서 다리가 후들거렸지만, 입으론 호기롭게 장담했다.

"당연하죠. 여러분의 아낌없는 지원에 보답하겠습니다. 베스트셀러 작가로서 말이죠."

나의 호언장담에 그들은 다시 한번 열광했다. 계약 기념 촬영이 이어졌다. 그리고 나는 경직된 입꼬리를 끌어올리며 관계자들과 인사를 나눴다.

악수하는 바로 그때, 갑자기 강풍이 창문을 쾅 때렸다. 벼락같은 굉음에 순간 가슴이 철렁 내려앉았다. 사람들도 놀라서 비명을 질렀다.

하지만 곧 평화로운 새소리가 들려왔고, 우리는 멋쩍게 웃으며 다시 뿌리친 손을 마주 잡았다. 회의실을 내리쬐는 겨울 햇살이 따스한 봄볕처럼 얼어붙은 손을 녹였다. 개구리도 벌레도 깨어나 꿈틀거리는 경칩. 십수 년간 얼어 있던 내 안의 봉우리도 드디어 뜨겁게 만개하리라. 나는 이런 환희를 입 안 가득 머금은 채 주먹을 당당하게 들어 올렸다.

제보자

53

내가 계약했다는 소식을 듣자 부모님은 주변에 입소문을 내겠다고 분주해지셨다. 연이는 축하 케이크를 몰래 주문해 나를 깜짝 놀라게 했다. 소식은 학교에서도 같은 부서원들을 통해 조용히 퍼져 나갔다. 조용히 일만 하던 내가 책을 낸다는 말에 동료들은 신기한지 꼬치꼬치 캐물었다. 원고는 나날이 날개를 달아 SNS 이곳저곳에서 존재감을 뽐냈다.

'처음 책 쓰기를 제안받았을 때 저도 많이 주저했습니다. 재능도 없는 나 자신에게 실망할까 봐, 괜히 돈과 시간만 낭비할까 봐 걱정했습니다. 하지만 좋아하는 것을 시작하는 데 잘하고 못하고가 중요한가요? 그저 하고 싶으니까 해 보는 거죠. You Only Life Once. 인생은 한 번뿐이니까요.'

게시물에는 '부러워요, 멋져요, 기대할게요' 같은 댓글이 쭉쭉 달렸다. 이 책을 시작으로 나도 누군가에게 북극성이 되어 줄 수 있을 거라는 확신이 들었다. 디자인과 표지 결정, 출간 일정과 마케팅 계획 조율, 책 소개와 홍보자료 작성 등으로 시간이 빠르게 흐르고 어느새 최종 검토만 남겨 두고 있었다. 고되지만 보람찼던 날들. 드디어 내 이름 석 자가 새겨진 책이 나온다니. 침대에 누워 달콤한 환상에 젖어 있을 때 전화벨이 시끄럽게 울렸다.

"원철 씨, 제이입니다. 잠깐 통화 가능한가요?"
"네, 당연하죠. 어쩐 일이세요?"
"한 가지 여쭤볼 게 있어서요."
낮고 차분한 그녀의 음성이 꽤 진지했다.
"네, 물어보세요."
"오늘 오전, 저희 쪽에 제보가 하나 들어왔어요. 원고에 거짓된 내용이 많아, 독자들이 사실을 알게 되면 크게 분개할 거라고 하더군요. 그러면 출판사도 큰 낭패를 볼 거라고."
순간 잘못 들었나 싶었다.

"네? 그게 무슨 말이에요?
거짓말이라니요?"

제이는 강경했다.
"원철 씨를 잘 아는 사람이라고 하더군요. 꽤 오래전부터 인연이 있었다고. 자기 이름을 말하면 원철 씨도 금방 알 거라고 했어요."

오래전부터 나를 잘 아는 사람이라고? 여러 사람이 스쳐 지나갔다.

"그 사람 이름이 뭔데요?"

제이는 내 말을 무시하고 다시 물었다.

"일단 전부 사실을 기반으로 쓴 거긴 하죠?"

나는 잠시 원고를 떠올렸다. 이야기는 완벽했다. 캐릭터는 애절했고 줄거리는 희망찼다. 강렬하고 감동적인 삶이었다. 그런데 한편으론 이상했다. 연이의 말처럼 어떤 부분은 전혀 내 이야기 같지 않았다. 여러 감정이 꾸며졌고, 하지 않은 행동이 마구 적혀 있었다. 설령 책이 내게 집중한 결과물이라 할지라도, 왜곡해서 쓰고 과장해 알리는 게 과연 합리적인 전략일까? 무거운 심장 박동이 가슴을 짓눌렀다.

제이가 한숨을 내쉬며 말했다.

"저도 갑자기 당황스럽네요. 일단 진행하고 있는 일들은 잠시 중단해야겠어요. 물론 원철 씨를 믿지만 제보자와도 더 이야기를 나눠 봐야겠네요. 중요한 부분이니까요."

"그러면 출간 일정은 어떻게 되는 거죠?"

나는 작은 목소리로 물었다.

"원철 씨, 책 한 권은 상당한 파급력이 있어요. 독자들의 신뢰를 잃으면 원철 씨도 난처하겠지만 출판사는 책 하나로 끝나지 않아요. 회사 이미지에 큰 타격을 받고 향후 활동에도 영향을 받게 될 겁니다. 우선 고발 내용을 충분히 검토하는 게 먼저입니다."

"주말에 서울로 갈까요? 어떤 부분에 문제가 있다는 건지 같이 얘기를 나누면⋯."

제이가 말을 가로챘다.

"아쉽지만 이번 주말에는 어렵겠어요. 다른 스케줄이 많아서요."

냉담한 그녀의 반응에 마음이 더 떨렸다.

"그러면 언제가 좋을까요? 말씀해 주시면 맞춰서 가겠습니다."

제이는 잠시 뜸을 들였다.

"일단 지금은 내부 사정으로 바쁘니 자세한 얘기는 사흘 뒤에 다시 하죠. 상황 정리하고 곧 연락드리겠습니다.
그동안 원철 씨도 원고에서 문제가 될 부분이 있는지, 한 번 더 검토해 보세요."

달빛이 방 안을 비스듬히 비추는 저녁, 무표정한 얼굴로 원고를 넘겼다.

'스무 살, 나는 학과 사람들의 오해를 딛고 나만의 길로 뚜벅뚜벅 들어섰다.'

'운동, 독서, 철학. 나는 3년간 누구의 도움 없이 오직 혼자 힘으로 인생에 뿌리를 내렸다.'

'내게 직업의 그럴듯한 겉모습은 중요하지 않았다. 중요한 것은 학생들이었다.'

'나는 여러 면에서 균형 잡힌 완전한 인간으로 깊어졌다.'

읽을수록 많은 부분이 의심쩍었고, 어떤 부분에서는 구역질이 났다. 제이에게 어서 진실을 고백해야 한다는 생각으로 전화번호를 눌렀으나 막상 통화를 하려니 또 망설여졌다. 그때 전화벨이 울렸다. 연이? 편집자면 어떡하지? 휴대폰을 들어 한쪽 눈꺼풀을 천천히 들어 올렸다. 발신자는 태섭이 형이었다. 몇 달간 연락도 없던 사람이 갑자기 무슨 일일까? 목소리를 가다듬으며 전화를 받았다.

"철아, 잘 지냈지? 그동안 너무 바빠서 이제야 전화한다."
형은 밝은 목소리로 말했다.

그날 기차역에서 마지막으로 들은 목소리와 너무 달라 순간 다른 사람인가 싶었다. 나는 곧바로 상담받으라고 섣불리 조언했던 것을 사과했다. 형은 아직도 신경 쓰고 있냐고, 그땐 좀 당황했을 뿐이라며 대수롭지 않게 넘겼다. 형의 호탕한 대답에 복잡한 마음이 스르르 풀리는 듯했다.

"원철아, 나 책 썼어. 인쇄 들어갔으니 조만간 나올 거야."
"책이라고?"
군대에서 책 한 권 읽지 않던 형이 갑자기 책을 썼다니, 믿을 수 없었다. 형은 브랜드를 견고하게 할 방법을 고민하던 중 대형 출판사로부터 제의를 받아 계약했다고 했다. 진심으로 축하하지 못하는 나 자신이 쪼잔하게 느껴졌다.

"그나저나 네 책은 어떻게 됐어? 벌써 나왔어?"
형이 물었다.
"아, 그게…."
순간 어디까지 말해야 할지 감이 잡히지 않았다.
"이미 나왔구나? 역시! 제목이 뭐야?"
"사실, 문제가 좀 생겨서 출간이 미뤄…."

"뭐? 무슨 일인데?"

결국 제보자 이야기를 꺼낼 수밖에 없었다. 내 말을 듣자마자 형은 다짜고짜 제이를 욕했다. 편집자라면 끝까지 작가를 책임져야 하는 거 아니냐며 강하게 내 편을 들었다. 이럴 때일수록 자기 이야기를 믿고 출간에 온 힘을 쏟아야 한다며 응원도 했다.

"강하게 사실이라고 밀어붙여. 그러면 편집자도 별수 없을 거야. 출간도 차질 없이 진행될 거고. 어차피 독자들은 진실에 관심이 없어. 자기들이 믿는 것에 확신이 필요할 뿐이지."

나는 의자 등받이에 기대 구겨진 원고를 바라봤다.

'이대로 강하게 밀어붙여?'
'그래도 너무 과장하고 부풀린 것 같은데….'
'아니면 제이에게 사실과 다른 부분만 다시 쓴다고 할까?'
'그랬다가 책을 못 내게 되면 어떡해. 모든 게 물거품이 될 텐데….'

54

다음 날 연이는 나의 상태를 단숨에 눈치챘다.

"오빠, 무슨 일 있어? 기분이 안 좋아 보이네?"

"아무것도 아냐. 그냥 좀 피곤해서 그래."

연이는 내 얼굴을 빤히 쳐다봤다.

"아냐, 고민 있는 얼굴이야. 언제는 나한테 힘든 건 털어놓아야 한다며. 말해 봐. 들어 줄게."

나는 깊게 숨을 들이마셨다.

"나, 내 책이 말이야…. 출판이 안 될 수도 있을 것 같아."

연이가 조용히 내 손을 잡았다.

"왜? 잘 진행되고 있었잖아."

"그때 네 말을 들어야 했는데…."

잠시 머뭇거리다가 편집자와 나눈 이야기를 털어놓았다. 제보자 얘기를 곱씹을수록 위축된다는 말과 앞으로 어떻게 해야 할지 몰라 혼란스럽다는 말도 덧붙였다. 연이는 한참 동안 듣더니 이렇게 말했다.

"남들이 보는 오빠가 사실과 달라 보이는 건 어쩌면 당연한지 몰라. 사실과 진실은 다르고, 우리는 진실을 따라 살아가고, 진실은 주관적인 거니까. 나는 그 제보자가 뭐라고 말했던 오빠가 진실을 썼다고 믿어."

연이가 밝은 얼굴로 내 등을 토닥이며 대화를 이어 갔다.

"만약에 글을 고치게 되면, 그땐 나한테도 보여 줘. 함께 보면 진실을 더 잘 발견할 수 있을 거야. 그리고 나면 편집자도 독자도 오빠의 진심을 알아볼거야."

나는 연이의 이런 태도에 언제나 안정을 되찾았다. 연이의 말에는 늘 무지갯빛 미래가 기다리고 있었다. 내가 어두컴컴한 먹구름을 떠올릴 때면 연이는 먹구름을 뚫고 쏟아질 빛 세례를 얘기했다. 어찌 보면 막연한 낙관처럼 들리겠지만 그 무한한 낙관이 나를 난관에서 돌아서게 했다. 이번에도 마찬가지였다. 연이는 긍정의 홀씨를 폴폴 날려 보냈고, 그 희망은 내 안의 곳곳에 피어났다. 연이가 내 볼을 양손으로 찌그러뜨리며 물었다.

"편집자한테도 사실대로 말할 거야?"
나는 금붕어처럼 입술을 뻐끔거렸다.

"그래야겠지?"

두 마리 괴물

55

    아침부터 제이에게 몇 차례 전화를 걸었지만 연결되지 않았다. 어쩔 수 없이 먼저 SNS에 게시글을 올렸다.

    '잘 지내셨나요? 김원철입니다. 하루빨리 좋은 책으로 찾아 뵙고 싶었는데, 예상보다 시간이 더 걸릴 것 같습니다. 제 글에서 이전에 보지 못한 미흡한 부분들을 발견했기 때문입니다. 잠시 SNS 활동을 중단하고, 제 이야기가 여러분에게 어떤 의미가 있는지 다시 한번 돌아볼까 합니다. 그동안 응원해 주시고 관심 가져 주셔서 정말 감사합니다. 정리되면 다시 돌아오겠습니다.'

    올리기가 무섭게 '좋아요'가 빠르게 늘어갔다. 댓글도 하나둘 달렸다. 책 준비는 어떻게 할 건지, 다음 출간일은 언제인지, 책 제목과 주제는 무엇인지에 관한 질문이었다. 팔로워들의 관심이 쏟아졌지만 좋지만은 않았다. 한참 휴대폰을 내려다본 뒤 제이에게 문자를 보냈다.

    '제 원고가 허위라는 그 제보, 인정합니다.'

그날 저녁 제이에게 전화가 왔다. 그녀는 출판사 내부 회의를 거쳤고, 그 결과 내 계약을 취소할 수밖에 없다고 했다. 나는 다시 원고를 수정하겠다고 애원했다. 그러나 검증되지 않은 예비 작가를 기다려 줄 만큼 출판사는 한가하지 않았다. 돈, 시간, 인력 부족 등 거절할 이유가 수십 가지였다. 제이는 2주 뒤 출판사로 와서 계약 파기 서류에 서명해 달라고 말하고는 전화를 끊었다.

학교 동료들은 내 출간 일정에 대해 자주 물었다.
"원철 선생님, 책 나왔어요?"
"빨리 나왔으면 좋겠네요."
"제가 1등으로 살게요."
그럴 때마다 나는 얼버무리며 대답을 피했다.
"저번에 곧 책 출간한다고 들었던 것 같은데, 아직이에요? 역시나 책 내는 게 쉽지 않죠?"

갈매기 눈썹 선배는 복도에서 마주칠 때마다 은근히 비꼬았다. 그를 중심으로 나를 뒷담화하는 집단도 생겨났다. 내 출간을 응원하던 주변 사람들의 관심도 빠르게 식어 갔다. 그리고 SNS에도 악플이 하나둘 달리기 시작했다.

'나 이 사람 아는데, 올린 게시글 중에 사실과 다른 부분 많아요. 거짓말쟁이. 병원 가서 상담 좀 받아요. ㅋㅋ.'
'헐… 대박. 완전 속을 뻔했네. 어쩐지 책 홍보할 때부터 좀 이상하더라니.'

56

며칠 뒤 악플이 기하급수로 늘어나 SNS 계정을 비공개로 전환할 수밖에 없었다. 일주일간 호흡이 메마를 정도로 체육관을 뒹굴었다. 격투기는 쉴 새 없이 뚫고 들어오는 잡념을 누그러뜨리는 데 도움이 됐다. 큰 일교차와 무리한 운동 탓에 몸이 점점 더 나빠졌지만, 그럼에도 퇴근하면 곧바로 체육관으로 향했다. 원고 생각을 하지 않으려면 계속 몸을 움직여야 했다.

마지막 스파링 상대는 내 덩치의 두 배는 족히 되는 20대 초반의 동생이었다. 두꺼운 팔뚝과 허벅지를 가진 동생은 초반부터 나를 밀어붙였다. 나도 힘을 실어 손목을 휘둘렀지만 이내 몸이 뒤집히며 그의 육중한 몸에 깔렸다. 발로 골반을 밀며 빠져나오려고 안간힘을 쓰는 순간, 딱

소리가 나며 무릎에 저릿한 통증이 퍼졌다. 고통에 몸을 비틀며 비명을 질렀고, 관장님은 서둘러 스파링을 중단했다.

다음 날 학교에 병가를 내고 병원에서 MRI 영상을 촬영했다. 의사는 모니터를 돌려 무릎 관절 사이에 금이 간 것을 보여 줬다.

"오른쪽 무릎 연골판 찢어진 거 보이죠? 연골도 많이 닳았어요. 당분간 운동하지 말고 푹 쉬세요."

몸과 함께 마음은 갈수록 약해져 갔다. 격투기도 중단하고 걷는 것조차 신경 쓰이니 삶의 질 자체가 떨어진 기분이었다. P출판사에서 서명하기로 한 날이 가까워질수록 회의감이 더 들었다.

'역시 타인에게 인정받지 못하는 내 이야기는 쓸모가 없다.'

'아무리 자신을 인정하는 것이 중요하더라도, 결국 타인의 인정을 받아야 가치가 완성되는 것 아닐까?'

'지난 몇 년간 외부의 인정으로부터 자유로워지기 위해 했던 모든 노력이 과연 무슨 의미가 있을까?'

그러나 이런 상황에서도 내 곁에 끝까지 남아 있는 한 사람, 연이는 매일 나에게 진정으로 자신을 믿고 인정하는 것이 무엇인지 보여 줬다. 3년째 임용고시에 낙방했음에도 꿈과 열정을 잃지 않고 계속 도전하는 연이의 모습은 그 자체로 용기와 힘을 주었다. 한 사람의 가치는 외부의 화려한 성공이 아니라 내면의 성장과 발전에서 비롯되는 것임을 몸소 보여 준 것이다.

그런 연이를 볼 때면 한때 간절한 마음으로 나만의 북극성을 찾아 떠났던 옛 시절이 떠올랐다. 하루는 문득 스무 살에 영감님의 강연에서 들은 '마음속 괴물 이야기'가 떠올랐다. 그땐 유치해서 대수롭지 않게 들었지만, 지금은 또렷이 그 의미를 깨달을 수 있다. 체로키 인디언들의 전설을 영감님 나름대로 각색한 이야기였다.

영감님은 그날 강당에서 어느 청년에게 이렇게 말했다.

"우리 마음속에는 괴물 두 마리가 살아요. 칼리와 룬이라는 괴물이죠. 그런데 이 두 괴물은 항상 싸웁니다."
청년은 왜 두 괴물이 항상 싸우는지 물었고, 영감님은 이렇게 말했다.

"칼리는 어둠을 대표하는데 이놈은 명성, 평판, 지위 등 타인에게 인정이나 존경을 받고자 하는 욕구를 나타냅니다. 반면 룬은 빛을 대표하는데 이놈은 강인함, 성취감, 성숙함 등 스스로 자존감을 높이고자 하는 욕구를 의미하죠. 이 둘의 욕구가 정반대라, 저마다 주인에게 인정받으려고 치열하게 싸웁니다. 룬은 내부의 인정을 얻어 주인을 독차지하려 하고, 칼리는 자아를 잃게 만들고 외부의 인정을 갈구하죠. 결국 룬이 이기면 외부 인정은 못 받을지언정 마음속은 밝게 빛나게 됩니다. 반면 칼리가 이기면 외부에서 화려한 스포트라이트를 받더라도 마음은 어두컴컴해지게 되겠죠."

그러면서 영감님은 청년에게 물었다.

"학생은 마음속에서 어떤 괴물이 이기면 좋겠어요?"

곰곰이 생각하던 청년이 말했다.

"자존감을 대표하는 룬이 이기면 좋겠습니다."

그랬더니 영감님이 이렇게 말했다.

"그렇죠. 우리는 대부분 룬이 이기면 좋겠다고 생각합니다. 그런데 말이죠, 진짜 이기는 괴물은 따로 있답니다."

"어떤 괴물인가요?"

청년이 물었다.

"바로 학생이 더 많이 인정해 주는 괴물이 이긴답니다."

내 안에서는 날마다 룬과 칼리가 싸웠다. 하루는 룬의 목소리가 커지는가 하면, 다음 날에는 칼리의 목소리가 자신 있게 떠들어 댔다. 가끔은 내 안에서 소란을 피우는 두 괴물 때문에 지칠 때도 있지만, 나는 계속 룬이 싸우도록 혼잣말을 중얼거렸다.

"나의 별은 내 안에서 스스로 빛나는 자아다."

뜨거운 소용돌이

57

'그런데 도대체 누가 제보한 거지?'

'얼마나 나를 잘 알길래 내 이야기가 사실과 다르다는 걸 아는 거야?'

'웬만한 사람들과는 연락이 다 끊겼는데….'

토요일 오전, 이런 의문을 품으며 서울로 향했다. 태섭이 형이 집으로 초대했기 때문이다. 마침 제이와 만나기 하루 전날이고 위치도 P출판사에서 그리 멀지 않아, 흔쾌히 제안을 수락했다.

이른 오후에 도착한 서울의 찬바람은 매캐하고 탁했다. 매연 때문인지 날씨 탓인지 하늘은 당장 비가 와도 이상하지 않을 만큼 새까만 구름으로 뒤덮여 있었다. 날씨도 추워서 곧장 형의 집으로 갈까 했지만, 원래 계획대로 잠시 출판사 주변을 거닐기로 했다. 출판사 건물이 보이는 인근 공원을 돌며 내일 제이에게 할 말을 연습했다.

"제 잘못입니다. 다시 기회를 주시면 더 나은 결과물을 보여 드릴게요."

"한 번만 믿어 주세요. 이번에는 정말 문제없는 원고를 쓰겠습니다."

오디션을 준비하는 배우처럼 여러 차례 대사를 내뱉다
보니 진짜 제이의 마음을 돌릴 수 있을 것 같은 믿음이 솟
아났다. 일곱 바퀴쯤 돌았을까? 도로 건너편에서 태섭이
형이 보였다. 반가운 마음에 손을 흔들며 큰소리로 형을
불렀다. 그러나 형은 내 쪽을 보지 않았다. 그때였다. 제
이가 형에게 두 손을 흔들며 나타난 것이.

나는 다급히 커다란 조형물 뒤에 숨어 그들을 훔쳐봤다.
무슨 얘기를 하는지 두 사람은 서로를 툭툭 치며 웃었고,
그 모습이 꽤 친밀해 보였다. 잠시 뒤 둘은 짧은 포옹을 나
누더니 시야에서 사라졌다.

'뭐야, 둘이 아는 사이였어?'
'어떻게 형이 제이를 알지?'
불현듯 예전에 제이가 했던 말이 기억났다.
'저희 쪽에 제보가 하나 들어왔어요. 원철 씨와 꽤 오래
전부터 인연이 있었다고….'

58

"에이, 설마….."
"아니겠지, 아닐 거야."

이렇게 말하면서도 내 눈은 두 사람의 SNS를 훑기 바빴다. 하지만 별다른 내용은 없었다. 형이 출연한 인터넷 방송도 샅샅이 뒤졌으나 '제이'라는 이름은 들을 수 없었다.
'그리 특별한 사이는 아닌가?'
'그래, 형이 그럴 리 없지.'
미소와 함께 마음을 놓으려던 찰나에 영상 하나가 눈에 들어왔다. '여름서재'라는 채널이었다. 형은 영상에서 베스트셀러가 된 자신의 에세이를 소개했고, 김여름이라는 사람과 책에 관한 대화를 주고받았다. 대화가 끝날 때쯤 에세이 쓰는 비결을 언급하며 이런 얘기를 했다.
"요즘 에세이를 준비하는 분이 많은 걸로 알고 있어요. 그런데 제가 아는 어느 편집자와 얘기를 나누다가 알게 된 건데, 에세이를 과장하거나 허위로 작성하는 분들이 있다고 하더라고요. 그런 사람은 진짜 반성해야 해요."
꼭 나를 두고 하는 말 같았다. 게다가 아는 편집자라니. 영상을 반복해서 볼수록 의심이 커져만 갔다.

'혹시, 정말 태섭이 형일까? 왜?'

아무리 생각해도 형이 나를 고발할 이유는 없었다. 복잡한 생각이 머리를 짓눌렀다. 그때 하늘에서 우르릉 소리가 나더니 주변이 순식간에 어두워졌다. 곧 비가 올 것 같아 형의 집으로 서둘러 향했다.

59

5분도 채 지나지 않아 빗방울이 후두둑 떨어졌다. 오후 4시밖에 되지 않았는데 주변은 한밤중처럼 어둑했다. 빌딩 숲 골목은 하나같이 비슷해서 마치 캄캄한 미로를 헤매는 것 같았다. 부자 동네는 다 이런 건지, 골목마다 지나치게 조용해서 어딘가 스산하기까지 했다. 빗줄기는 갈수록 굵어졌다. 수입 자동차가 줄줄이 세워진 빌라 사이를 지나 몇 분 더 헤맨 끝에 간신히 형의 오피스텔에 다다랐다.

"많이 젖었네? 어서 들어와. 보고 싶었어."

형이 웃으며 현관문을 열어 주었고, 곧바로 수건과 따듯한 홍차를 내왔다. 초겨울에 비까지 맞아 몸이 오들오들 떨렸다. 집 안에도 약간 냉기가 돌았다. 형은 테이블 위에 아로마 향초를 켠 뒤, 하얀 대리석으로 둘러싸인 부엌에서 토마토를 가져와 잘랐다. 그동안 나는 휴대폰으로 출판사에서 제이와 찍은 사진을 유심히 봤다. 그리고 넌지시 물었다.

"형, 혹시 제이라는 편집자 알아?"
"오? 네가 그 친구를 어떻게 알아?"
형은 눈을 동그랗게 뜨며 스무 살 때 아르바이트를 하면서 제이와 친해진 과정을 들려주었다. 나도 제이와 함께 찍은 사진을 보여 주며 말했다.
"이 사람이 내 원고를 담당하는 편집자였거든. 누가 고발한 바람에 출간이 보류되긴 했지만…."
"네가 말한 편집자가 제이였구나. 그때 욕한 거 갑자기 미안해지네."

창밖에서 빗줄기가 유리창을 타닥타닥 두드렸다.
"그런데 내 원고에 조작된 부분이 있다고 제이에게 말한 사람이 누굴까?"

나는 형을 힐끗 보며 물었다.

"그러게, 누가 너한테 그런 짓을 했대? 이렇게 괜찮은 애를. 생각할수록 열 받는데?"

형은 지난번처럼 내 편을 들며 고발자를 욕했고, 몇 분이나 쉬지 않고 발끈했다. 그런 형을 보니 잠깐이지만 의심했던 내 자신이 부끄러워졌다. 어처구니없어 웃음이 툭 터져 나왔다.

"그래, 그렇지. 형이 그럴 리가 없지."

형은 인상 쓴 얼굴로 고개를 갸웃거렸다. 그제야 나는 가방에서 수정한 원고를 꺼냈다.

"그래도 덕분에 원고를 좀 더 진실하게 고칠 수 있었어. 여기, 글이 어떤지 형이 좀 봐 줄 수 있어?"

"내가?"

"응. 형도 에세이 냈잖아. 한 수 가르쳐 주라. 내일 제이한테 다시 보여 줄 거거든."

형은 군말 없이 원고를 받았다. 자신의 원고처럼 집중해서 읽어 주는 형이 든든했고, 또 고마웠다. 나는 캄캄한 창밖을 보며 천천히 입을 열었다.

"사실, 아까 P출판사 근처에서 형과 제이를 봤어. 그러면 안 되는데 혹시 형이 고발한 건 아닌지 의심도 했어.

나 참 못났지? 형은 군대에서부터 그렇게나 날 도와줬는데….”

　나는 형의 등에 가볍게 손을 댔다. 형의 따듯한 체온이 손을 타고 전해졌다. 바로 그때 형의 얼굴에 희미한 미소가 번졌다.

　“그래? 그런데 만약 진짜로 내가 그랬다면 어떨 거 같은데?”

　60

　태섭이 형은 두 눈을 크게 뜬 채 나에게 얼굴을 휙 들이밀었다.
　“내가 편집자한테 의혹을 제기한 고발자면 어떨 거 같냐고.”
　“형이? 에이, 뭐 그런 말을 해.”

　나는 거실의 짙은 회색 커튼을 가리키며 횡설수설했다.
　“그러면 뭐, 영화에 나오는 것처럼 형도 저기 커튼 뒤에 복수할 계획 적어 놓고 그랬겠네? 형, 진짜 웃긴다.”

내가 어색하게 웃자 형은 입꼬리를 귀까지 천천히 올렸다. 순간 머리가 어지러웠다.

"뭐야, 재미없어. 장난이지? 진짜로 그런 게 적혀 있을 리가….."

형은 대답 대신 커튼 쪽을 가리켰다.

"확인해 보든가."

설마 하는 마음으로 묵직한 커튼을 홱 젖혔다. 그 순간 나는 할 말을 잃었다. 발코니 창문에는 수십 장의 사진이 빽빽하게 메워져 있었다. 전부 내가 SNS에 게시한 사진과 글들이었다. 제이와 계약한 이후 출판을 준비하는 과정, 그리고 팔로워들에게 계약 연기 소식을 전할 때까지의 모든 기록이 하나도 빠짐없이 붙어 있었다.

"이게 다 뭐야….."

태섭이 형이 볼을 씰룩거리며 음흉한 미소를 지었다.

"우연히 제이랑 연락이 닿았어. 집에서 같이 와인을 마시는데, 걔가 꽤 괜찮은 원고가 들어왔다는 거야. 쭉 듣는데 어디서 들어 본 얘기 같더라고. 그래서 보여 달라고 했지. 걔는 또 헤벌쭉 웃으며 네 원고를 보여 주더라? 그때 제이한테 네 원고에 거짓된 부분이 많다고 흘렸어. 그리고 그걸 믿게 했지."

형이 당시 상황을 설명하며 배를 잡고 웃었다.

"진짜 전부 형이 한 짓이라고?"

"아, 하나 더. 네가 SNS에 마지막으로 올린 게시물. 거기에 처음으로 악플 쓴 사람도 나야. 악플 장난 아니게 달리더라."

형이 어깨를 으쓱이며 입을 씰룩거렸다. 나는 입이 마비된 것처럼 말이 제대로 나오지 않았다.

"내가 형을 얼마나 좋아하고 닮고 싶어 했는데…. 어떻게, 왜…."

"아까 공원 앞에서 제이가 그러더라. 내일 계약 파기할 때 위약금도 물릴 거라고. '괘씸죄'로."

나는 형의 어깨를 움켜잡으며 소리쳤다.

"대답해. 형이 어떻게 나한테 그럴 수 있냐고!"

한참을 킥킥대던 형의 얼굴에서 서서히 웃음기가 빠졌다.

"그러면 너는? 나 닮고 싶어서 운동도 하고, 요리와 주짓수도 배웠다며."

그가 나를 삼킬 듯이 노려봤다.

"그런데 왜 아빠라는 놈한테 복수 안 했어?"

하늘에서 번개가 번쩍이더니 몇 초 뒤 천둥이 울렸다.

"뭐?"

"나처럼 되고 싶으면 아빠 복수하는 것도 따라 했어야지."

태섭이 형은 부르르 떨리는 얼굴로 나를 보며 휴대폰에서 자기 아버지 사진을 보여 줬다.

"봐. 여기 그놈 무릎 꿇은 거 보여? 어렸을 때 엄마랑 나 때렸던 거, 힘들 때 버리고 떠났던 거, 전부 미안하다고 싹싹 빌더라? 사업도 망하고 돈도 처자식도 다 잃더니 이제 와서 나한테 한 푼이라도 더 받아 보겠다고 아등바등하는데, 그 꼴이 얼마나 웃기던지."

형이 혀를 끌끌 찼다.

"그것 때문이었어? 내가 아빠한테 복수를 안 해서?"

그가 집게손가락을 흔들며 말을 이어 갔다.

"기억 나? 그때 기차역에서 나한테 했던 말. 나를 정신 병자 취급했잖아. 복수에 미친 놈이니까 상담받으라고. 그러면서 뭐라고 했어?"

나는 아무 말도 하지 못했다.

"그냥, 그냥이라고 했어. 넌 내가 그 새끼 때문에 얼마나 힘든지 알면서도 별생각 없이 상담이나 받으라고 얘기한 거야."

그날 기차역에서 한 말이 떠올랐다. 순간 머리가 하얘졌다. 가족의 아픔을 누구보다 잘 아는 내가 가족 일로 형에게 상처를 줬다는 사실에 아무 말도 할 수 없었다.

"그때 일은 진짜 미안해. 그런 의도는 아니었어. 난 진짜 형이 걱정돼서⋯."

여러 차례 잘못을 고백하는 내게 형이 씨익 웃으며 말했다.

"정말 미안해? 그런데 사과는 그렇게 하는 게 아니지. 너도 이놈처럼 무릎 꿇고 빌어. 내가 잘못했다고, 아픈 상처를 건드려서 미안하다고, 늦었지만 용서해 달라고 싹싹 빌어 봐. 그러면 받아 줄게."

나는 가만히 서서 형을 멍하니 바라봤다.

"왜? 싫어? 잘 생각해 봐. 혹시 화가 풀려서 제이한테 좋게 말해 줄 수도 있잖아. 다시 생각해 보니 원고를 잘못 읽은 것 같다고, 다른 사람이랑 착각했다고, 얘는 이글보다 훨씬 더 대단한 사람이라고 말해 줄게. 어때? 조건 죽이지?"

형의 어처구니없는 태도에 자리를 박차고 나가려는 마음도 잠시, 내 안에서 칼리와 룬이 힘겨루기를 시작했다.

'그래, 딱 몇 초만 자존심을 버릴까? 그럼 내 이야기를 사람들에게 보여 줄 수 있을 텐데. 그의 말이라면 제이도 다시 기회를 줄지 몰라.'

칼리가 룬의 팔을 먹어 치웠다.

'아니야, 그렇게 출간해서 뭐 해. 나를 증명하려고 또 거짓말할 순 없어.'

룬이 칼리의 다리를 뜯어먹었다. 태섭이 형이 계속 내 귀에 속삭였다.

"예전에 사람들한테 무시당하고 비난받았던 거 이제 보상받아야지. 이렇게 노력했는데 아깝지 않아? 이제 네 가치를 세상에 보여 줘야 할 거 아냐. 책만 내면 독자들도, 네 주변 사람들도, 그동안 널 오해했던 모두가 관심과 인정의 눈길을 보낼 거야. 네가 가장 원했던 거잖아. 그거다 얻을 수 있어."

내 안에서 칼리와 룬이 서로의 몸통을 잘근잘근 씹어 댔다.

"자세 좋고, 표정 좋고. 이제 무릎도 꿇어 봐. 어서."

형은 휴대폰 카메라로 나를 찍으며 히죽거렸다.

그러나 내가 계속 반응하지 않자 정색하며 목소리를 낮게 깔았다.

"아씨. 꿇을 거야, 말 거야? 책 안 내고 싶어? 십, 구⋯."

태섭이 형은 1초에 한 번씩 내 뺨을 원고로 툭툭 쳤다. 1초가 1년처럼 흐르는 동안 나는 천천히 눈을 감았다. 타인과 세상으로부터 인정받기 위해 애쓴 모든 장면이 머릿속에서 영화처럼 스쳐 지나갔고, 룬과 칼리의 포효가 매초 내 안 깊은 곳에서 으르렁거렸다.

"사, 삼, 이."

형의 카운트다운을 들으며 나는 천천히 눈을 떴다.

61

마지막 1초를 남겨두고 나는 테이블을 보며 조용히 머리를 숙였다. 태섭이 형의 음성이 고막을 파고들었다.

"이겼다!"

태섭이 형이 휴대폰 카메라로 나를 찍으며 정신 나간 사람처럼 웃었다.

"그래, 그래. 좀 빨리 숙이지. 내가 이 순간을 얼마나 기다렸는데."

찰칵.

찰칵.

"자, 이제 무릎만 꿇으면 끝이야. 너의 첫 책, 내가 일등으로 축하할게."

찰칵.

나는 말없이 테이블에 놓인 향초를 집어 들고 천천히 일어섰다.

"뭐야, 왜 일어나? 꿇으라니까? 빨리 꿇어 새끼야."

태섭이 형이 나를 죽일 듯이 노려봤다. 그의 눈을 보며 나지막이 말했다.

"필요 없어."

그런 다음 내 원고에 촛불을 붙였다.

"미쳤어? 뭐 하는 거야!"

태섭이 형이 소리를 지르며 원고를 바닥에 내동댕이쳤다. 나는 향초를 테이블 위에 내려놓으며 불꽃이 피어오르는 원고를 가만히 내려다봤다. 불길에 삼켜진 종이는 뜨겁게 소용돌이치며 검은 연기를 공중으로 끝없이 내뿜었다. 매캐한 냄새와 동시에 오만가지 생각과 감정이 내 안으로 들어왔다가 그대로 나갔다. 알 수 없는 무언가가 나를 향해 점점 다가오는 것도 같고 멀어지는 것도 같은 느낌이었다.

"김원철, 내 말 안 들려? 책 내고 싶으면 빨리 무릎 꿇어! 어서 싹싹 빌라고!"
눈을 부릅뜬 형을 똑바로 쳐다보며 말했다.

"출간 못 해도 상관없어."
형은 이해할 수 없다는 표정을 지었다.
"그런 식으로 남에게 인정받을 바에는 나 자신에게 부끄럽지 않은 사람이 되는 게 나아. 우리 아빠가 그랬거든. 그런 삶이 제일이라고."
태섭이 형이 광기 어린 눈으로 나를 노려보며 미소 지었다.
"그래? 그러면 내가 앞으로 무슨 짓을 해도 후회하지 않는다 이거지?"
형은 정신 나간 사람처럼 히죽히죽 웃어 댔다. 한때 나의 별이었던 사람이 어쩌다 이 지경이 되었을까? 그의 한심하고도 가여운 낯짝을 보니 나도 모르게 긴 한숨이 나왔다.

"형, 원래 이런 사람이었어? 내가 볼 땐 형도 형네 아빠랑 똑같아."

아빠라는 말에 태섭이 형의 표정이 다시 돌처럼 굳었다.

"남이야 어떻게 되든 자기 욕망에 따라 사는 거. 그게 형 아빠 아냐?"

"너 방금 뭐라고 했냐?"

"형 엄마는 세상을 아름답게 살라고 하셨는데, 지금 형을 보면 뭐라고 하실까?"

"입 다물어! 나는 엄마가 말한 대로 빛나는 삶을 살고 있어. 돈, 명성, 힘! 모든 게 나를 눈부시게 빛내고 있다고! 이제는 아무도 나를 무시하지 못해. 아버지란 놈도 무릎을 꿇었고, 너도 곧 꿇게 될 거야. 그리고 나는 더욱더 빛나겠지. 마더스 메모리 버거 대표 강태섭으로."

나는 목에 더 힘을 주고 외쳤다.

"그런 식으로 빛나는 게 정말로 형이 원하던 거였어?"

"닥쳐!"

"형이 엄마랑 지키려고 했던 약속은 이런 게 아니잖아."

"닥치라고!"

태섭이 형은 시뻘게진 얼굴로 방방 뛰며 앞에 놓인 접시와 컵을 바닥에 내리꽂았다. 쨍그랑 소리가 나며 날카로운 유리 조각이 사방으로 튀었다.

"형도 알잖아. 어머니는 형이 상처 주는 사람이 아니라
보듬어 주는 사람으로….”

순간 형이 단숨에 멱살을 부여잡으며 주먹을 치켜들었
고, 먹이를 물어뜯으려는 늑대처럼 하얀 이를 드러냈다.

"네가 뭘 알아? 네까짓 게 나에 대해 뭘 아냐고! 어머니
를 일찍 떠나보냈어? 아니면 하나 남은 가족인 외할머니
를 뺑소니 사고로 잃었어? 어릴 적부터 아빠 같지도 않은
놈에게 비 오는 밤마다 맞아 보기나 했어? 그런데 나보고
그런 세상을 껴안으라고? 아무것도 모르면서 다 아는 척
지껄이지 마. 역겨워서 토 나올 것 같으니까.”

말하는 내내 태섭이 형은 미묘하게 떨리는 목소리를 들
키지 않으려는 듯 소리를 고래고래 질렀다.

"네가 언제부터 그렇게 아버지를 감쌌냐? 너도 군대에
서는 나처럼 똑같이 복수하고 싶어 했잖아. 안 그래? 지
금이라도 복수해. 고작 가족 상담 몇 번 한 것 가지고 왜
이제 와서 착한 척이야? 달라진 아버지와 다시 사이가 좋
아진 게 그렇게나 기뻤냐? 어디 한번 말해 봐, 새끼야!”

형은 점점 더 발악했고, 얼굴은 더욱더 붉으락푸르락 일그러졌다. 하지만 몸부림이 거세질수록 오히려 딱해 보였다. 나는 그런 형을 가만히 바라봤다.

"나랑 같은 심정이었으면서 갑자기 왜 배신한 거야, 응? 왜? 어째서냐고. 대답해! 도대체 이유가 뭐냐고!"

흰자위를 번뜩이며 소리치는 태섭이 형의 눈에서 외로움이 떨어지고 있었다. 자식으로 대접받지 못한 아픔이, 괴물 같은 힘을 빌려서라도 성공해야만 했던 처절함이, 그렇게라도 아버지에게 가치를 입증하고 싶었던 간절함이 그의 눈에서 뚝뚝 떨어졌다. 형의 진짜 모습이 눈 밖으로 전부 흘러나오고 있었다.

"태섭이 형⋯."

형이 숨을 몰아쉬며 나를 봤다.

"그동안 나 많이 미웠겠다⋯."

형의 새까만 동공이 나를 빤히 쳐다봤다.

"나는 형보다 돈도, 유명세도, 아버지를 꿇릴 힘도 없는 사람인데⋯. 상담 몇 번으로 아버지의 든든한 지지와 인정을 받았으니⋯."

"아니야."

형이 뒷걸음쳤다.

"그래, 형도 실은 아버지에게 따듯한 사랑을 받고 싶었던 거야."

"아니라고!"

그 순간 퍽 소리와 함께 묵직하고 거친 주먹이 내 왼쪽 뺨을 짓눌렀다. 나는 그대로 바닥에 고꾸라졌고, 태섭이 형은 자신의 떨리는 주먹을 바라보며 숨을 헐떡였다. 나는 터진 입술을 손으로 닦으며 일어났다. 그런 다음 형에게 다가가 두 어깨를 잡고 흔들었다.

"형, 이제 여기서 멈춰!"

"그만해."

"이만하면 충분히 했잖아."

"시끄러워!"

"더 망가지지 말라고."

"입 다물라고!"

"정신 차려. 형은 더 멋진 사람이잖아."

"그만, 그만! 그만하라고!"

거실엔 스프링클러가 칙칙 소리를 내며 돌아갔고, 우리 둘은 떨어지는 차가운 물줄기를 맞으며 서로의 눈을 말없이 바라봤다. 하얀 대리석 바닥의 틈새를 타고 흐르는 시커먼 원고 찌꺼기가 발가락을 스쳤다.

태섭이 형은 연이어 괴성을 질렀고, 나는 그런 그의 모습을 뒤로한 채 자리를 박차고 거리로 나왔다.

최후의 별

다음 날 P출판사에서 서명하는 것으로 내 계약은 완전히 취소되었다. 내가 도착했을 때 그들은 이미 기성 작가와 새로운 책을 준비하고 있었다. 결국 나는 빈손으로 집에 돌아가야만 했다. 기차는 풍경을 가로질러 빠르게 달렸고, 그간의 모든 노력은 희미한 풍경 뒤편으로 사라져 갔다.

물론 그렇다고 포기할 내가 아니었다. 곧바로 수정한 원고를 다른 출판사에 투고했다. 분명 내 원고의 가치를 알아볼 출판사가 있을 거라고 믿었다. 그러나 헛된 희망에 불과했던 걸까? 50군데에서 거절당했고, 또 다른 50군데에서는 답장조차 받지 못했다. P출판사와 계약을 파기한 뒤에도 눈물 한 방울 흘리지 않았는데, 꾹꾹 눌러 온 눈물이 닭똥처럼 떨어졌다.

'내 글이, 내가 살아온 이야기가 그렇게 별로인가?'
'나에게만 소중한 이야기였구나.'
'그래…. 이게 다 거짓 원고를 쓴 대가겠지."

후회와 반성으로 지새운 겨울의 몇 주가 빠르게 지나

갔다. 차츰 낮이 길어지면서 마음속 어둠이 서서히 걷혔고, 나도 조금씩 상황을 있는 그대로 받아들이기 시작했다. 어느 주말 오후, 카페 창가에 앉아 밖을 내다봤다. 태섭이 형의 집에서 뛰쳐나간 그날처럼 장대비가 쏟아지고 있었다.

  '만약 나도 형과 똑같은 아버지 밑에서 자랐다면 어땠을까?'
  '형처럼 괴물이 되지 않았을 거라고 장담할 수 있을까?'

  길바닥에 고인 물웅덩이 위로 형과 내 얼굴이 번갈아 떠올랐다. 아버지에게 가치를 증명하려다가 망가진 태섭이 형. 자기 안에서만 의미를 찾으려다가 실수한 나. 우리는 서로 자신의 방향이 옳다고 싸웠지만, 결국 누구도 완전하게 삶을 빛내진 못했다.

  "그래, 둘 다 방향이 잘못됐던 거야. 형도 나도….."

  씁쓸한 미소로 다시 웅덩이를 바라보는데 심성 교수님의 얼굴이 떠올랐다. 삶에 어둠이 드리울 때마다 늘 같은 자리에서 사라지는 빛을 다시금 밝혀 준 사람. 그런 영감님에게 1년 넘게 안부 메일 한 번 보내지 않았다니, 감사하면서도 죄송한 마음이 들었다. 이젠 나를 잊으셨을 거라는 걱정도 잠시, 이메일의 받은 편지함에 영감님의 편지 한 통이 와 있었다.

잘 지내고 있는가? 자네가 어떻게 지내는지 궁금하고, 또 보고 싶어서 이렇게 편지를 쓰네.

지난번에 자네 자신과 타인 중 다시 누구를 선택할 건지 물었지? 사실 나는 이미 알고 있었다네. 자네가 자신에게 집중해 결국 책을 완성할 거란 사실을. 그리고 그 책을 통해 스스로 빛나는 존재가 될 거라는 것도 말이지. 그런데 말이야, 자기 홀로 빛나는 게 별의 유일한 즐거움일까? 그것으로 별은 자기가 태어난 의미를 다한 걸까? 자네가 긴 시선으로 한걸음 더 나아가 봤으면 좋겠네.

천문학자들에 따르면, 별의 삶에는 세 가지 방식이 있다네. 첫 번째는 왜성이야. 많은 별이 내부에서 뜨거운 에너지를 계속 만들며 자신의 색깔을 찾아간다네. 하얀 별, 갈색 별, 붉은 별. 그렇게 각자 에너지를 소진하다가 서서히 식어 가는 거야. 그러고는 평화로운 종말을 맞이하는 거지. 자신의 개성을 발견해 나름대로 보람되고 의미 있는 삶을 살다가 죽는 사람들이 이에 해당하겠구먼.

두 번째는 블랙홀이네. 몇몇 별은 힘이 다할 때까지 계속 몸집을 부풀려. 이 별들은 보통 큰 폭발로 한 번쯤 우주에 묵직한 존재감을 드러내곤 해. 하지만 자기 무게에 찌그러져 쓸쓸히 어둠 속으로 자취를 감추기도 하지. 그럼에도 이들은 포기하지 않아. 주변의 모든 것을 빨아들이고 파괴하고, 심지어 빛까지 모조리 삼켜

서라도 끝까지 자신을 과시하려고 해. 어떤가? 모은 재산과 권력을 움켜쥐고 어떻게든 주목받으려는 늙은이가 떠오르지 않는가?

마지막은 바로 초신성이야. 이 별들은 수명이 다하면 엄청난 에너지를 내뿜으며 폭발해. 그때의 빛은 별 수천억 개를 모두 합친 것과 맞먹는다고 하더군. 그러나 이들은 블랙홀과 달리 자기가 갖고 있던 모든 물질을 우주 전체로 흩뿌려. 그리고 그 물질은 새로운 별이 태어나는 환경을 조성하지. 본 적도 만난 적도 없는 누군가를 위해 세상에 유익한 무언가를 낳고 죽는다는 뜻이네.

이미 자네는 지금 눈이 부시게 빛나고 있어. 그 빛은 자네가 노력하는 만큼 오래도록 유지할 수 있을 거네. 하지만 자네의 삶 역시 짧아. 죽음 앞에서는 찬란하게 타오르던 빛도 언젠간 흔적 없이 사라져 버리겠지. 그러니 한번 생각해 보게. 왜성, 블랙홀, 초신성. 자네는 어떤 방식으로 마지막 불씨를 꺼트리겠나?

2023년 1월 30일
아름다운 삶을 살길 바라며
당신의 심성

〈질문 6〉
진정한 북극성은 어떤 별일까?

63

‘다시 책을 써서 출간에 도전해 볼까?’

‘아니면 소중한 원고를 혼자 간직하는 것으로 만족할까?’

마지막 선택을 앞두고 나는 홀로 바닷가로 떠났다. 백
사장에는 꽤 많은 사람이 있었다. 그들과 조금 떨어진 곳
에 자리를 잡고 탁 트인 수평선을 봤다. 곧 태양이 하늘
을 붉히며 바다와 입을 맞췄고, 밤이 서서히 드리웠다. 사
람들은 하나둘 떠날 채비를 했으나 나는 캠핑 의자에 그
대로 기댄 채 검은 파도를 멍하니 바라봤다. 스윽, 스으
으. 빗자루처럼 가슴을 쓸어내리는 파도 소리에 눈이 스
르르 감겼다.

‘나의 별은 내 안에서 스스로 빛나는 자아였다.’

‘우리는 저마다 자기 안에 북극성을 품고 있고, 그것으로
빛날 수 있다고 믿었다.’

‘그런데 사람은 정말 혼자서도 완전하게 빛날 수 있는
걸까?’

‘진정한 북극성이란 대체 어떤 별일까?’

그때 갑자기 엄청난 굉음과 함께 주변이 환해지는 느낌이 들었다. 미사일이 지나가는 듯한 소리에 화들짝 놀라 눈을 번쩍 떴다. 농구공보다 크고 보름달보다 100배 이상 밝은 불꽃이 엄청난 광채를 내뿜으며 머리 위를 지나가고 있었다. 그때 전화벨이 울렸다. 연이였다.

"오빠, 봤어?"

"너도? 저거 혜성이야?"

"빨리 라디오나 뉴스나 뭐든 틀어봐. 빨리."

연이의 재촉에 나는 서둘러 차에 올라 라디오를 틀었다. 흥분한 DJ가 소리를 고래고래 질렀다.

"지금 환상적인 별똥별 쇼가 펼쳐지고 있습니다. 페르세우스자리 유성우라는데, 모두 보고 계시죠?"

별똥별 수십 개가 바다 위로 비처럼 쏟아졌다. 유성으로 수놓인 검고 푸른 밤하늘이 금빛으로 물들어 갔다. 무수한 별이 검은 수면 아래로 황금색 빛을 쏟아 내렸고, 바다는 그 빛을 반사해 다시 하늘 위로 금색 빛을 쏘아 올렸다. 긴 꼬리를 휘날리며 사방으로 춤추는 별보라에 숨이 멎을 것 같았다. 위와 아래, 온 세상이 황금빛이었다. 어둠에 갇힌 스무 살 시절에 그토록 보고 싶었던 눈부신 세상이 지금 내 눈앞에서 펼쳐지고 있었다.

근처에 있던 아이들은 감탄을 연발하며 소리를 꽥꽥 질렀고, 어른들도 크게 다르지 않았다. 별똥별을 향해 소원을 비는 연인들까지. 우주의 불꽃축제를 즐기는 모습은 제각각이었지만 하나같이 행복해 보였다. 별을 보며 손뼉 치는 사람들을 보니, 내 마음도 따뜻하고 밝아지는 기분이 들었다. 바로 그 순간, 조용한 빛 하나가 내 안 깊숙이 파고들었다.

"진정한 북극성은 어둠에 잠긴 사람들을 따스하게 비추고, 세상을 아름답게 밝히는 별이다."

64

그로부터 1년이 지났고, 서른두 살을 앞둔 나는 졸업 후 6년 만에 G대학교를 방문했다. 건물 몇 개가 새로 들어서긴 했지만, 교정에는 여전히 그 시절의 냄새가 났다. 정문에는 황금빛으로 물든 은행나무가 늘어서 있고, 파김치가 된 학생들은 통학버스에 오르고 있었다. 그리고 이맘

때 늘 그러했듯이 선거 유세도 한창이었다.

"기호 1번 차동민, 소처럼 일하겠습니다!"
"기호 2번 오세미, 항상 함께하겠습니다!"

바람이 제법 쌀쌀한 저녁이었지만 홍보단의 열기는 식을 줄 몰랐다. 그중에서도 유독 눈에 띄는 한 학생이 있었다. 전단을 들고 허겁지겁 뛰어다니는 더벅머리 남학생. 사람들 앞에서 연신 허리를 숙이는 그의 표정은 하회탈처럼 밝았으나, 가면을 쓴 것처럼 계속 웃기만 해서 어딘가 어색하게 보였다. 나도 스무 살 때 저런 모습이었겠지? 사람들의 비위를 맞추며 알랑거렸던 지난날이 가을바람을 타고 구레나룻을 스쳐 갔다.

"기호 2번 오세미입니다. 잘 부탁드립니다."
더벅머리 남학생이 환하게 웃으며 뛰어와 내게 검정 팸플릿을 건넸다.
"아, 저는 여기 학생이…."
순간 강한 바람이 불었다. 남학생이 든 홍보 전단 몇 장이 내 얼굴에 파바박 부딪혔다.
"어, 죄송합니다. 괜찮으세요? 정말 죄송합니다."

남학생은 새파랗게 질려 손을 벌벌 떨었다. 나는 가방에 있던 따듯한 캔 커피를 건넸다.

"괜찮아요. 홍보하느라 많이 힘들죠? 저도 예전에 해 봐서 알아요."

"감사합니…. 아니, 죄송합니다."

남학생은 안절부절못했다. 그때 뒤쪽에서 거친 목소리가 들렸다.

"알감자, 무슨 일이야?"

더벅머리 남학생은 재빨리 그에게 뛰어가 굽실거렸다.

"선배님, 죄송합니다. 제가 실수를 해서 그만…."

그가 선배라 부르는 풋내기는 인상을 쓰며 나를 위아래로 훑었다. 내가 자기네들에게 투표할 학생인지 아닌지 살피는 것 같았다.

"칠칠맞지 못하게. 홍보물 챙겨서 빨리 인문대 강당으로 와. 거기가 홍보하기 더 좋겠어."

"네 알겠습니다, 선배님."

풋내기가 떠나자 남학생은 다시 내 눈치를 살폈다.

"저기, 아까는…."

나는 떨어진 전단을 주워 그의 손에 쥐여 주며 말했다.

"괜찮아요. 어서 가 봐요."

남학생은 뭔가 말하려다가 이내 고개를 푹 숙이고는 서둘러 풋내기를 향해 달렸다. 그가 대강당 쪽으로 멀어져 갈 즈음, 나도 강당으로 걸음을 옮겼다. 그때 문자 알림음이 울렸다. 태섭이 형의 번호였다. 1년 전 스프링클러에서 떨어지는 물줄기를 맞으며 가만히 서 있던 형의 마지막 모습이 떠올랐다. 기쁜 것 같기도 슬픈 것 같기도 한 얼굴로 나를 빤히 보던 형은 그때 무슨 생각을 했을까? 휴대폰 화면에 그를 닮은 문장이 나타났다.

상담 끝나고 병원에서 나오는 길이야.

지난 1년 동안 연락할 자신이 없었어.

미안하다.

용서해 달라는 말은 못하겠네.

궁금하진 않겠지만 나 잠시 한국 떠나.

몇 년이 될지는 모르겠어.

그때 찾아갈게.

보고.. 싶네.

보고 싶네, 이 네 글자를 반복해서 읽었다. 뜬금없이 문자를 보내 이런 얘기를 하는 게 당황스러웠지만, 내심 형이 상담을 받았다는 사실에 한편으론 안심이 되었다. 용서까지는 모르겠다. 형의 말을 머리로는 이해했지만, 가슴으로 받아들이기엔 아직 시간이 필요했다. 하지만 그렇다고 형이 다시 어둠 속으로 걸어가기를 바라지는 않는다. 그의 어둠이 새로운 빛으로 이어지길 바라는 것은 진심이니까.

한참 휴대폰을 보다가 강당으로 향하며 짧게 답장했다.

형도 형만의 별을 찾아봐.
그 순간 모든 게 다르게 보일 테니까.

65

대강당에 들어서자 객석에는 100여 명이 웅성대고 있었다. 얼굴도 알려지지 않은 작가를 보러 이만큼이나 왔다니. 예상보다 많은 인원에 약간 어리둥절하기도 했지만, 나는 곧 추억 속에 자리한 옛 공간의 특별한 시간 속으로 빨려 들어갔다.

얼룩진 붉은색 의자에 앉아 뭔가를 열심히 받아 적던 청중, 지직거리는 스피커에서 울리던 영감님의 조곤조곤한 목소리. 영감님이 낸 퀴즈를 맞힌 나를 신나게 두들기던 홍보단 사람들. 만약 그날 행운권 추첨에 당첨되지 않았다면, 지금 나는 어떤 모습으로 살고 있을까?

한참 상념에 잠겨 있을 때 등 뒤로 따뜻한 바람이 불어왔다. 연이였다. 올해 교사로 처음 일하기 시작한 연이의 미소는 꽃처럼 만개해 있었다. 우리는 서로의 팔을 살포시 감싼 채 맨 앞자리에 앉았다. 몇 분 뒤, 사회자가 단정한 목소리로 행사 시작을 알렸다.

"여러분과 이 특별한 시간을 함께할 수 있어 영광입니다. 저는 오늘 사회를 맡은 제65대 학생회장 유호성입니다."

사회자가 반듯하게 허리를 숙여 인사하자 청중의 환호와 박수갈채가 이어졌다.

"최근 인정 욕구와 주체성에 관한 책으로 젊은 독자들의 마음을 사로잡고 있는 분이죠? 오늘 오신 작가님도 십여 년 전, 바로 여기 이 강당에서, 여러분처럼 많은 고민을 하셨다고 합니다. 그래서 더더욱 자신과 타인 사이에

서 방황하는 G대학교 청춘들과 많은 대화를 나누고 싶다
고 하셨는데요. 바로 무대 위로 모시겠습니다. 우리 대학
교의 자랑스러운 졸업생. 김원철 작가님을 큰 박수로 환
영해 주시길 바랍니다!"

객석에서는 아까보다 더 큰 환호성과 박수갈채가 쏟아
졌다. 나는 눈부신 스포트라이트를 받으며 꽃다발로 장식
한 무대 위로 올랐다. 군중의 따뜻한 관심과 응원이 피부
로 고스란히 전해지니, 순간 여러 감정이 뒤섞여 가슴이
떨려 왔다. 나는 떨리는 호흡을 가다듬고 다시 감사한 마
음으로 허리를 숙였다. 그리고 스무 살 때 본 영감님이 그
랬듯 곧은 자세로 주변을 둘러봤다. 연이와 함께 열렬한
성원을 보내는 100여 명의 독자, 그 사이로 아까 만난 더
벅머리 남학생이 눈동자를 반짝이며 나를 보고 있었다. 나는
그에게 지그시 미소 보내며 담담하게 강연을 시작했다.

"당신을 기다리고 있었습니다."

작가의 말

오늘도 새로운 빛을 낳길 바라며

2012년 10월 5일, 스무 살의 나는 아무도 없는 기숙사 방 안에서 혼자 이런 생각을 하며 울었다.

'사람은 언제나 반짝이고 빛나야 한다.'
'빛나는 사람으로 살기 위해서는 그에 앞서 인정받아야 한다.'
'그런데 이것이 왜 이토록 어려운 걸까?'

당시의 나는 타인의 시선과 평가가 곧 나의 존재 가치를 입증한다고 믿었다. 그래서 사람들에게 둘러싸이면 세상의 중심에 서 있는 것처럼 느꼈다. 원철이가 그랬듯이, 대학교 신입생 대표를 자원해 학과 행사를 성공적으로 이끌고자 그렇게 애썼던 것도 이 때문이었다. 그러나 그것이 화근이었다. 조금이라도 무시당하는 기분이 들면 쉽게 분개하고 집단에서 미움받는 것을 극도로 두려워하는 성격 탓에, 나는 연이어 잘못을 저질렀다. 주목받기 위한 삶을 살았으나 사람들은 떠났고, 채워지지 않는 욕구를 붙들고 혼자 방황하던 끝에 군대에 입대했다.

이때부터였다.

'어떻게 하면 사람들이 나를 인정하게 만들 수 있을까?'
라는 생각으로 나 자신에게 집중하기 시작한 것이. 독서
와 운동. 나는 성공한 사람들이 강조하는 이 두 가지로 날
마다 걸음을 내디뎠다. 쉬운 걸음은 없었다. 사람들의 조
롱과 핀잔, 내 안에 가득한 두려움과 의심. 모든 것이 나
를 가로막았고, 나는 그 관문을 통과해야만 했다. 그래도
차근차근 내딛다 보면 가지 못할 길은 없었다. 전역 후 성
실하게 대학 생활을 이어 가고, 직장을 구하고, 부모에게
서 독립하고, 연인과 함께 성장하는 사랑을 체득해 가면
서 나의 세계는 안에서부터 차올랐다. 남에게 기대지 않
고 혼자 힘으로 묵묵히 나아가는 삶. 드디어 단단한 궤도
위에 안정적으로 진입했다고 믿었다. 하지만 그 길에서도
여전히 마음이 공허했고, 시선은 외부를 향했다.

헛헛한 마음속 구멍을 꽉 채워 준 것은 취미였다. 독서,
주짓수, 글쓰기, 요리, 전시회와 공연 관람, 그림 그리기,
피아노 연주, 복싱, 명상 등 새로운 취미에 하나씩 발을
담글 때마다 나는 느꼈다. 사색하는 철학자와 탐구하는
과학자가 나의 뇌신경을 거니는 것을. 눈은 화가처럼, 귀

는 음악가처럼, 혀는 요리사처럼 세상을 탐미하는 것을. 육체가 무도가처럼 태동하고, 영혼이 예술가처럼 들끓는 것을. 나의 진정한 모습을 발견하면서부터는 무리를 짓지 않아도 불안하지 않았다. 많은 돈을 벌진 못하지만 영혼은 풍요로웠고, 직위가 낮더라도 스스로 묵직한 존재가 된 것 같았다. 깊은 내면으로 시선을 돌리고 나서야 비로소 진정 자신을 빛내는 법을 깨닫게 된 것이다.

매일 자신의 참모습을 발견하고 청춘을 자유롭게 비행하는 기쁨. 나는 하루빨리 내 경험을 책으로 내고 싶었다. 누군가의 관심과 인정 없이도 홀로 우뚝 설 수 있는 사람이라고 어서 결론짓고 싶었다. 그러나 기회는 쉽게 오지 않았다. 투고했던 출판사로부터 모두 거절당한 뒤 첫 번째 원고를 다시 살폈다. 그러다가 문득 이런 생각이 들었다. 오직 자신에게만 매몰된 삶을 독자들에게 권해도 괜찮을까? 세상이 어떻게 돌아가든 남들과 거리를 둔 채 혼자 만족스러운 나날을 보내는 게 정말 바람직할까? 긴 사색의 터널을 지난 뒤 나는 원고의 방향을 완전히 바꾸어 뜯어고치기 시작했다. 그리고 4년이 넘는 시간 동안 원고를 수없이 수정한 끝에, 드디어 앞으로 나를 움직일 한 줄의 메시지를 움켜쥐었다.

'나다운 모습으로 더 나은 인간이 되어 세상에 작은 사랑이라도 베풀기 위해 노력하는 것이야말로 건강한 인정욕구다.'

하지만 이야기의 마지막 문장을 쓰고 나서야 알았다. 결국 내가 끝까지 하고 싶었던 말은 이런 응원과 격려였다는 것을.

"우리 모두 후회 없이 자기만의 빛 속으로 걸어가 보자!"
"별을 찾아 떠날 용기를 내고, 스스로 빛날 힘을 길러 자신과 세상을 환하게 밝혀 보자!"
"할 수 있다!"
"자신을 믿어라!"

고로 이 책은 당신을 토닥이며 자신의 방식으로 빛날수 있게 돕고자 내 진심을 정성스레 엮은 마음 묶음이다.
물론 이 책이 모든 갈증을 해소해 주진 못할 것이다. 내 경험과 깨달음에 한계가 있다는 것도 잘 안다. 세상에는 무수한 길이 있고, 나는 그중 몇 개의 길을 걸었을 뿐이니까. 그럼에도 불구하고 나는 내 경험에 상상을 덧댄 첫 자전적 이야기를 세상에 낳고 싶었다.

삶이란 결국 우리 모두 겪는 보편적인 이야기이기에, 내 특수한 경험이 당신의 이야기를 발견하는 데도 도움이 되리라 믿었기 때문이다.

이 책이 북극성을 찾는 당신의 첫걸음에 보탬이 되면 좋겠다. 지금 바로 한 걸음을 떼어 볼까? 별처럼 반짝이는 당신만의 길로 두세 걸음을 내딛다 보면, 어느새 우주가 되어 있는 자신을 만날 것이다. 우주 속 하나뿐인 지문인 당신을.

별이 빛나는 밤에
당신의 깊은별

별똥별

초판 1쇄 2024년 7월 15일

지은이 깊은별

펴낸곳 담다
펴낸이 김수영
경영지원 최이정
교정·교열 김민지
편집·디자인 김은정 서민지

출판등록 제25100-2018-2호 | 2018년 1월 5일
주소 대구광역시 달서구 조암로 38, 2층
메일 damdanuri@naver.com
인스타 @damda_book

ISBN 979-11-89784-44-7 (03320)